사자꼬리를 잡은 발칙한 생쥐이야기

사자꼬리를 잡은 발칙한 생쥐 이야기

| 글 / 윤정민 |

리즈앤북
ries & book

사자의 꼬리, 해외 틈새시장을 잡아라!

예쁜 생쥐 두 마리가 결혼해서 오순도순 살고 있었다. 생쥐 부부는 열심히 일했지만 늘 먹고 사는 문제로 고민했다. 그러던 어느 날 거짓말처럼 먹을 것이 똑 떨어지고 말았다. 주린 배를 움켜쥐고 생쥐 부부는 어디서 먹을 것을 구할 것인지 의논했지만 달리 뾰족한 수가 없었다. 그러다 생쥐 부부는 굴 밖에 먹음직스러운 치즈 한 조각이 놓여 있는 것을 보았다. 남편 생쥐가 아내 생쥐에게 말했다.

"우리 밖으로 나가서 저 치즈를 먹자."

아내 생쥐가 고개를 저었다.

"안돼. 저 치즈는 사자가 우리를 잡으려는 미끼야. 절대로 나가서는 안돼."

배고픔을 견디지 못한 남편 생쥐는 아내 생쥐의 말을 듣지 않고 밖으로 나가 치즈를 덥석 입에 물었다. 그 순간 남편 생쥐는 덫에 갇혀 버렸다.

아내 생쥐는 그 광경을 목격하고 겁에 질려 꼼짝도 할 수 없었다. 그렇다고 그대로 굴 안에서 굶어 죽을 수도 없었다. 아내 생쥐는 묘안을 짜기에 골몰했다. 어떻게 하면 굶어 죽지도 않고 남편 생쥐를 덫에 가두어 삼켜버린 사자와 대적할 수 있을까. 아무리 생각해도 굴 밖의 치즈를 먹으면서 사자와 대적할 수 있는 묘안은 떠오르지 않았다.

한참을 골몰하던 아내 생쥐는 갑자기 무릎을 쳤다.

"그래, 마지막으로 한 번 시도라도 해보자!"

밖으로 나가도 죽고 굴 안에 있어도 죽을 건 뻔한 일. 아내 생쥐는 정신 무장을 단단히 하고 굴 밖으로 나가기로 마음을 굳혔다. 그리고 과감히 굴 밖으로 나갔다. 그러나 아내 생쥐는 굴 밖의 치즈를 덥석 물지 않았다. 대신 치즈의 덫을 놓고 아내 생쥐를 기다리는 사자의 꼬리를 잡았다.

그 후 아내 생쥐는 어떻게 되었을까.

아내 생쥐는 사자의 꼬리를 잡으면서 더 큰 세상을 보았다. 그리고 그렇게 무섭게만 느껴지던 사자가 조금도 무섭지 않았다. 아내 생쥐는 큰 세상에서 열심히 일하며 즐겁게 살 수 있었다.

이 우화는 우리가 늘 스스로에게 던지는, '태어나 단 한 번뿐인 인생을 어떻게 살 것인가' 라는 질문 그 자체라고 할 수 있다. 그 질문에 대한 사람들의 선택은 크게 둘로 나눌 수 있다. 넓은 세상으로 뛰어나가 도전과 모험에 가득 찬 역동적인 인생을 살 것인가. 아니면 현실에 안주하여 작은 행복에 만족하는 인생의 설계를 할 것인가. 어느 쪽을 선택해도 자신의 자리에서 최선을 다 한다면 만족스런 인생을 보낼 수 있을 것이다. 하지만 이 책에서 다루고자 하는 것은 단연 후자에 대한 사람들의 이야기다.

이 책에 등장하는 한국인은 한국이라는 작고 좁은 굴에서 과감히 뛰어나와 해외에서 크고 작은 치즈를 손에 넣어 사업가로 성공한 사람들이다. 이들 중에는 1,000억 원의 자산에 종업원 수 1,500여 명을 거느린 재벌급 사업가도 있는 반면 중소기업 수준의 사업가도 있다. 이 책에서 말하고자 하는 것은 '성공의 크기'가 아니라 '성공의 이유'이기 때문이다.

이들 한국인의 '성공 이유'는 크게 네 가지의 공통점이 있다. '성공의 이유'를 읽기 전에 이들이 해외시장으로 진출했을 당시의 상황을 알아두면 이 책의 의도를 파악하는데 큰 도움이 될 것이다. 이들 대부분은 한국에서 한 번쯤 크게 좌절을 겪은 경험이 있다. 그 중 한 사람은 환갑의 나이에 전 재산을 날리고 해외에서 성공한 사람도 있다. 이런 이야기를 서두에 쓰는 이유는 단 하나다. 해외로 나갈 때 이들의 지갑이 텅 비어 있었다는 것.

이들은 빈손으로 해외라는 굴 밖으로 나가 치즈를 어떻게 손에 넣었을까. 생쥐 부부처럼 생계가 막막했을 것이다. 더군다나 치즈 주위에는 예측할 수 없는 덫들이 도처에 깔려 있었을 것이고 또한 그 덫의 위치나 위험성에 대해 경고해주는 지인도 없었을 것이다. 그러나 이들은 굴 안에서 굶어죽는 것보다는 과감하게 밖으로 뛰어나가는 것을 택했다.

하지만 이들은 남편 생쥐처럼 아무 대책도 없이 치즈를 향해 달려가지 않았다. 그 치즈가 과연 먹을 만한 것인지 아닌지를 여러 번 검증했다. 그 검증의 기준은 바로 그 나라의 특성에 맞는 틈새시장이었다. 더 정확히 말하면 소자본으로 할 수 있는 사업 아이템 중 틈새시장을 공략한 것이다. 이것이 바로 첫 번째 '성공의 이유' 다.

두 번째 '성공의 이유' 는 철저한 현지화 전략이다.

이들은 몸과 마음 그리고 사고방식까지 현지인과 똑같이 바꾸었다. 한국에서 배웠던 모든 것을 과감하게 버리고 바꿀 수 있는 것은 모두 다 바꾸었다. 현지인보다 더 현지인이 된 것이다. 그 뿐이 아니다. 그곳에서 번 돈은 그곳 사람들을 위해 아낌없이 썼다. 배고픈 사람들에게는 빵을 주었고 헐벗은 사람들에게는 옷을 주고 고통 받는 사람들에게는 정신적 위로를 주었다.

그들은 사업으로 돈을 벌기 전에 먼저 현지인들과 인간적인 관계를 끈끈하게 맺었다. 그들은 사업가로 존경을 받기 전에 인간적으로 존경을 받았다. 현지인들은 그들을 친구로 받아 들였다. 그러자 놀라운 일이 벌어졌다. 그들을 진심으로 돕는 현지인들이 생기기 시작한 것이다. 현지인들 중에는 사업적으로 절실히 필요한 사람도 있었다. 현지의 실력자나 사업적으로 재능이 있는 파트너 등이 그들을 돕기 시작하자 사업은 순식간에 자리를 잡았다. 그것이 '성공의 이유' 세 번째이다.

네 번째 '성공의 이유'는 언제나 사업을 시작하기 전의 초심을 유지했다는 점이다. 청소부로 성공한 사람은 1,000억 원을 벌었어도 늘 청소 현장을 진두지휘했고 운수 사업으로 성공한 사람 역시 처음과 똑같이 운전대를 잡았다. 그들은 사업에 성공한 후에도 늘 현장에 있었고 현지인과 함께 땀을 흘렸다. 그 현장 노하우는 그들의 사업을 아무도 넘보지 못하게 한 강력한 힘이 되었다.

이들의 이러한 '성공의 이유'는 한국 시장에서도 그대로 적용될 것이다. 한국에서 그러한 노력을 했다면 그들은 한국에서도 똑같이 성공을 거두었을 것이다. 그러나 해외에 나가서 성공을 거둔 이들의 이야기는 한국에서 성공을 한 이야기보다 훨씬 더 치열하고 감동적이다. 그 이유는 길게 설명할 필요가 없다. 그들은 빈손이었다. 그들은 기댈 언덕도 없었다. 그들이 가진 것은 해외의 틈새시장을 정확하게 읽어낸 눈과 땀뿐이었다.

그래서 그들의 성공은 더욱 값지고 그것이 이 책을 쓰게 된 이유이다.

빈손이라고 슬퍼하지 말라. 도와주는 사람이 없다고 노하지 말라. 더더욱 굴 안에서 굶어죽지도 말라. 한국이라는 굴에서 과감히 밖으로 뛰어나가라. 그곳에 먹음직한 치즈가 있다. 그곳에 부자가 되는 길이 있다. 해외에서 치즈를 손에 넣은 한국인들은 이렇게 말한다. 부자는 세상 어디를 가도 도처에서 치즈를 얻을 수 있지만 가난한 사람은 제 나라에 있어도 한 조각의 치즈조차 얻을 수 없다, 라고.

2004년 봄
마포에서 윤정민

차 례

이 광 조

'라오 익스프레스 서비스' 사장

운수사업

'작은 발상이 운명을 바꾼다'

라오스

인도차이나반도 중앙에 있는 내륙국으로 동쪽으로는 베트남, 남쪽으로는 캄보디아, 서쪽으로는 태국, 북서쪽으로는 미얀마, 북쪽으로는 중국과 국경을 접하고 있다. 정식 명칭은 라오스 인민 민주주의 공화국으로 공용어는 라오어이다. 인구는 600여 만 명, 통화는 키프이며 환율은 1달러 당 7,600키프이다. 1인 당 국민총생산은 2002년 기준 330달러이다.

라오스의 새로운 이름 '직행버스 터미널'

2002년 9월, 라오스의 수도 비엔티안에 있는 특급호텔 앞에서 관광객으로 보이는 외국인이 툭툭이에 올라탔다. 툭툭이는 중국산 오토바이에 인력거를 연결한 교통수단으로 우리나라로 치면 택시의 역할을 한다.

"직행버스 터미널."

관광객이 목적지를 말하자 툭툭이 기사는 순간 멈칫한다. 툭툭이 기사 경력 5년째로 비엔티안의 뒷골목까지 손금 보듯 알고 있다고 자부하던 그도 직행버스 터미널로 가자는 손님을 처음 태운 것이다. 툭툭이 기사는 외국인 관광객이 착각을 일으켰다고 확신을 하고 뒤를 돌아보며 물었다.

"완행버스 터미널?"

외국인 관광객은 완강히 고개를 젓는다.

"직행버스 터미널."

툭툭이 기사는 잠시 뭔가를 생각하다가 이내 고개를 끄덕인다. 며칠 전에 라디오에서 들었던 광고 내용이 생각이 났기 때문이다.

"라오 익스프레스 서비스?"

외국인 관광객은 기사의 그 말에 고개를 끄덕인다. 툭툭이 기사는 시동을 걸면서도 굳이 직행버스 터미널로 가자는 외국인 승객의 요구를 이해하지 못 한다. 버스면 버스지 복잡하게 직행버스, 완행버스로 구분하는 이유를 알 수가 없다. 그러나 그 이유를 알 필요는 없다. 자신은 툭툭이 요금만 받으면 되니까.

툭툭이는 호텔을 빠져나와 자전거와 오토바이들이 메콩강의 고기떼처럼 유영하는 도로를 질주하기 시작했다. 라오스 정부에서 27만여 킬로미터의 도로를 확장하거나 보수하면서부터 비엔티안을 비롯한 도시의 풍경 속에 자전거와 오토바이들이 끼어들기 시작했다. 자전거와 오토바이는 이제 서민들에게는 없어서는 안 될 필수품으로 자리를 잡았고 라오스의 도시 풍경을 대표하는 명물이 되었다.

툭툭이는 자전거와 오토바이의 물결을 헤치고 직행버스 터미널에 도착했다. 외국인 관광객은 요금을 지불한 다음 짐을 들고 툭툭이에서 내렸다. 그런 다음 천천히 걸어서 매표소로 다가갔다. 외국인은 매표

사자꼬리를 잡은 발칙한 생쥐이야기

소의 모습에 약간 놀랐다. 그동안 라오스에서 보아왔던 매표소는 어지럽게 난립한 노점상 사이에 자리를 잡은 좌판이었는데 이곳 라오 익스프레스 서비스의 매표소는 고국에서 흔히 보아왔던 깔끔하게 단장된 작은 건물이었던 것이다.

매표소 정면에 걸린 버스 노선표는 관광객을 다시 한 번 놀라게 했다. 버스 노선표에는 행선지와 가격은 물론 출발 시간과 도착 시간이 적혀 있었다. 라오스에서는 처음 대하는 매우 신기한 노선표였다.

관광객이 그동안 보아왔던 라오스 버스는 행선지와 가격만 있을 뿐 언제 출발하여 언제 도착하는지는 버스 기사 마음이다. 라오스에서 버스를 탈 때마다 매번 겪는 일이지만 전혀 급할 것이 없는 나라였다. 한 번은 운전기사가 피곤하다는 이유로 버스를 길에 세워놓고 잠을 자기 시작했다. 승객들은 버스기사가 잠에서 깨어날 때까지 잠을 자거나 일행과 담소를 했다. 아무도 불평하는 사람이 없었다. 그것이 바로 라오스의 교통 문화였다. 물론 버스가 다시 출발하는 시간은 운전기사가 잠에서 깨어나는 시간이다.

"루앙프라방."

"3만4백 키프입니다."

관광객은 다른 버스보다 10% 정도 비싸다는 계산을 하며 지갑을 열어 돈을 지불했다. 돈을 확인한 매표소 직원이 승차권을 관광객에게 주었다.

지정 좌석제로 운행하는 라오스의 특급버스

"손님, 버스는 30분 후에 출발하며 소요 시간은 10시간입니다."

승차권을 들여다보던 관광객은 다시 한 번 놀랐다. 승차권에는 지정좌석제가 표시되어 있었다. 지정좌석제는 꿈에도 생각하지 못한 일이다. 그동안 관광객이 버스를 이용할 때 가장 곤혹스러웠던 일은 바로 발이 허공에 떠있을 정도의 만원 승객 때문에 거의 질식할 것 같은 분위기였다.

사자꼬리를 잡은 발칙한 생쥐이야기

영업 전략의 차별화

라오스 버스의 정원은 45명이다. 하지만 정원을 지키는 버스는 단한 대도 없다. 짐칸까지 승객이 꽉꽉 들어차 정원의 배가 넘는 90여명을 태워야 출발한다. 거기다 승객들의 자전거와 오토바이를 버스 지붕 위에 싣고 다니는 것은 예사다. 버스의 수명이 오래된 데다가 정원의 배가 넘는 승객의 무게 때문에 버스는 가다서기를 반복하기 일쑤다. 가장 견딜 수 없는 일은 버스 안을 가득 채운 라오스 특유의 고온다습한 전형적인 열대성의 훅훅 찌는 열기다. 그 열기를 식혀주는 것은 천정에 달랑 매달려 있는 선풍기 한 대뿐. 그러니 지정좌석제 버스는 관광객에게는 뜻하지 않은 축복이다.

관광객이 축복의 티켓을 들고 버스로 다가가면 그 앞에 단정한 제복을 입은 라오 익스프레스 서비스 직원이 공손하게 관광객의 짐을 받아

짐칸에 넣는다. 라오스에서는 특급호텔에서만 받을 수 있는 서비스다. 관광객은 점점 더 유쾌해지기 시작했다.

관광객은 버스에 올라 승차권에 지정된 좌석에 앉았다. 서늘한 에어컨 바람이 밖에서 묻어온 열기를 단숨에 밀어냈다. 한숨을 돌리고 주위를 돌아보자 승객들 대부분이 외국인 관광객이거나 라오스의 상류층 사람들이었다. 관광객은 라오스에서 발행하는 유일한 영자 신문인 '비엔티안 타임즈'를 읽기 시작했다. 라오스 버스 안에서 신문을 읽는다는 것 자체가 기적이었다.

출발 10분 전,

단정한 제복을 입은 예쁜 스튜어디스가 승객들에게 물과 빵을 나누어 주었다. 10시간이나 걸리는 여행 중에 먹을 간식이다. 관광객은 이런 섬세한 서비스에 매료되었다. 라오스에 이런 버스가 있다니. 관광객은 자신도 모르게 중얼거렸다.

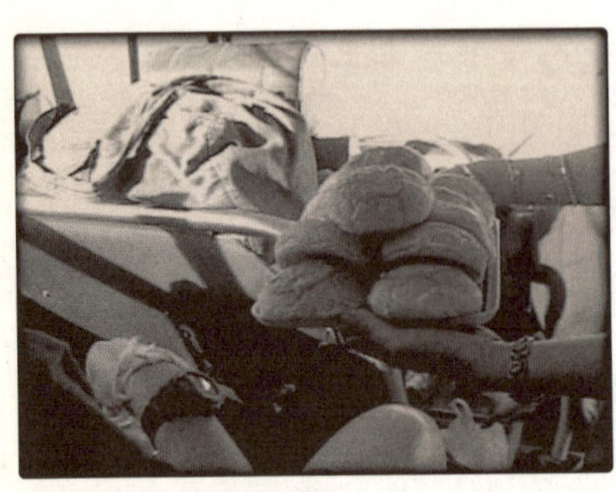

승객에게 무료로 제공되는 간식

출발 직전, 라오 익스프레스 서비스의 로고가 선명하게 새겨진 제복에 멋진 선글라스까지 낀 운전기사가 운전석에 앉아 마이크를 잡았다.

"저는 여러분을 루앙프라방까지 모시고 갈 운전기사 팽입니다. 10

사자꼬리를 잡은 발칙한 생쥐이야기

시간이 걸리는 목적지까지 논스톱으로 운행될 예정입니다.”

관광객이 굳이 이번 여행에 라오 익스프레스 서비스라는 신설 버스를 선택한 것은 완행버스밖에 없는 라오스에 최초로 직행버스가 생겼다는 TV 광고를 접했기 때문이었다. 관광객은 그동안 경험한 라오스 교통문화에 비추어 볼 때 기존의 완행버스보다 조금 더 나을 것이라고만 생각했다. 하지만 이 신설 직행버스의 서비스는 상상을 훨씬 뛰어넘은 것이다. 관광객은 이 버스가 라오스의 낙후된 교통문화를 이끌어갈 것이 분명하다고 생각했다. 버스가 출발하자 관광객은 편안하고 깊은 잠에 빠져들었다.

새로움과 고급화 전략

라오 익스프레스 서비스의 영업 방법은 우리나라에서
는 이미 대중화된 것이다. 하지만 우리나라에서 상식
이 된 서비스 전략이 저개발국가인 라오스에서는 매
우 신선하고 선진화된 마케팅 기법으로 성공의 요인
이 된다. 완행버스밖에 없는 라오스에 직행버스라는
상품을 개발하여 승부한 것이 적중했다. 또한 가격을
올리는 고급화 전략은 지금 우리나라를 휩쓸고 있는
명품 전략과 맥을 같이 한다. 라오스 이외의 저개발국
가에서 시도해볼 만한 영업 전략이다.

사자꼬리를 잡은 발칙한 **생쥐**이야기

낯선 땅에서의 실패와 절망

비엔티안의 새벽은 매우 종교적이며 신비롭기까지 하다. 먼동이 터 올 무렵 황금빛 가사를 입은 스님들이 아침 공양을 위해 줄지어 사원을 나선다. 라오스 사람들은 저마다 손에 꽃과 먹을 것을 들고 집 앞에서 기다리다 스님들이 지나가면 손에 든 것을 공손하게 바친다. 스님들은 그 행위를 통해 사람들에게 남에게 베푸는 법을 가르치고 그 가르침의 댓가로 공양을 한다.

스님들의 행렬이 이윽고 시무왕 거리를 지난다. 도로에 면한 한 건물 창가에 기대선 중년을 갓 넘긴 한국인 한 사람이 조용히 그 소박한 의식을 지켜보고 있다. 그가 바

라오스 수도 비엔티안 전경

로 라오스에서 성공 신화의 주역으로 불리는 '라오 익스프레스 서비스'의 사장 이광조 씨다. 그가 이 종교적인 나라에 들어온 지도 벌써 햇수로 7년째. 지금은 50여 명의 직원을 거느린 라오스 운수업계의 떠오르는 별이다.

한국에서 그는 건설회사에 다니던 평범한 회사원이었다. 월급 받아 가족과 도란도란 살아가던 모범적인 가장이었다. 아무도 의지할 사람이 없는 외국에 나가 사업을 하리라고는 한 번도 생각한 적이 없는 보통 사람이었다. 그런 그가 어떻게 라오스에서 가장 주목 받는 사업가 중의 한 명이 되었을까.

건설회사의 설계 감리사로 일하던 그는 어느 날 미래에 대한 투자로 자비를 들여 호주로 영어 연수 교육을 떠났다. 그 결정이 그의 운명을 바꿀 줄은 꿈에도 생각을 하지 못한 채.

한국으로 돌아와 다시 근무를 하던 그는 절망적인 상황을 만나게 되었다. 한국인이면 누구나 기억하고 싶지 않은 IMF라는 국가적 위기를 겪게 되고 그것은 곧 구조조정으로 이어졌다. 졸지에 실업자가 된 것이다.

그는 너무 억울했다. 좀더 나은 미래를 설계하기 위해 자비로 호주까지 날아가 영어 연수까지 받은 그였다. 자신의 잘못과는 전혀 상관없이 실업자로 전락한 사실을 받아들일 수가 없었다.

하지만 현실은 냉혹했다. 그 뿐만 아니라 한국의 가장들이 줄지어

구조조정의 대상이 되어 회사에서 밀려나고 있었다. 아무도 그들에게
도움의 손길을 내밀지 않았다. 국가 자체가 부도의 격랑에 휩싸여 표
류하고 있었다. 다른 직장을 구하는 것은 불가능했다. 마흔이 다 된 그
의 나이가 걸림돌로 작용했다. 다른 길을 모색해야 했다.

실의에 빠진 그에게 한 통의 국제전화가 걸려왔다. 호주로 영어 연
수를 갔을 때 만났던 라오스 친구로부터 온 전화였다.

"한국이 경제적 위기에 빠졌다는 뉴스를 보고 많이 걱정을 했다. 라
오스에 와서 사업하는 것을 고려해 보는 것이 어떻겠느냐."

진심이 담긴 목소리였다. 그는 라오스 친구의 제안을 심각하게 고민
하기 시작했다. 주변에서는 가난한 나라인 라오스에 가서 어떻게 돈을
벌 수 있느냐며 적극 말렸다. 더욱이 라오스는 사회주의 체제였고 한
국인 개인 사업자가 거의 없는 상황이었다.

그 역시 친지들의 조언과 같은 생각이었다. 하지만 그에게 선택의
길은 전혀 없었다. 한국에서는 그에게 일을 할 기회조차 주지 않는 상
황이었다. 그는 한국에서 실업자로 지내기보다는 라오스로 가서 새로
운 기회를 잡는 편이 현명할 것이라고 생각했다.

1998년, 그는 가족을 남겨둔 채 홀로 라오스로 떠났다. 그가 가진 것
은 800만 원과 성공에 대한 열정, 그리고 가족에 대한 사랑뿐이었다.

그는 라오스 친구와 상의한 후 전 재산인 800만 원을 투자해 약재

사업을 시작했다. 현지의 약초를 싼 값에 사서 한국에 수출해 차익을 남기는 것이었다. 약초 사업에는 최소한의 운송 수단이 절대 필요했다. 자본금이 부족한 그는 오토바이 두 대와 트럭 한 대를 빌렸다. 그리고 본격적으로 사업을 시작했다.

그의 약재 사업은 처음부터 순탄치 않았다. 난생 처음 사업을 시작하여 경영에 대한 마인드가 부족했을 뿐 아니라 자본금이 절대적으로 부족했다. 더더욱 사회주의 체제인 라오스에서 외국인이 사업으로 성공하기란 매우 어려운 실정이었다.

그러한 어려운 점들을 그는 성실함 하나로 극복해 나갔다. 그는 밤낮을 가리지 않고 일에 매달렸다. 좋은 약초가 있다는 소문을 들으면 어디든지 달려갔고 영향력 있는 약재상들과 얼굴 익히기를 게을리하지 않았다.

어느 날 수집한 약초를 살피던 그는 하늘이 무너지는 것 같은 충격을 받았다. 약초가 전부 썩어 있었다. 믿었던 사람으로부터 사기를 당한 것이다. 그것으로 자본금은 물론 성공에 대한 희망까지 모두 날아가 버렸다. 그는 IMF 때문에 구조조정을 당했던 당시와 같은 절망감에 빠져들었다.

그러나 그것은 앞으로 닥칠 절망에 비하면 아무 것도 아니었다. 그와 함께 일하던 직원이 빌린 오토바이와 트럭을 담보로 사채를 얻어 잠적해 버렸다. 그는 그 사채까지 고스란히 떠안을 수밖에 없었다.

그 날부터 사채업자들이 빚 독촉을 하기 시작했다. 빚을 갚을 능력이 있을 리 만무했다. 빚 갚을 돈은 고사하고 가족에게 생활비를 보낼 돈도 없었다. 아니, 당장 한 끼를 해결할 돈조차 없었다. 그는 2주 동안 아무 것도 먹지 못하고 빈 방을 지키며 굶어야만 했다.

애초에 아무 경험도 없는 약재 사업에 뛰어든 것이 잘못이었다. 경영 경험이 없는 그가 함께 일하는 직원을 믿은 것이 잘못이었다. 그보다 더 큰 잘못은 낯선 나라인 라오스에서 친구의 권유만 믿고 선뜻 사업을 한 것인지도 몰랐다.

모든 것을 훌훌 털어버리고 한국으로 돌아가고 싶었다. 가족 품에 안겨 한없이 위로 받고도 싶었다. 하지만 한국에는 그가 일할 직장도, 재기를 할 자본도 없었다. 더욱이 이런 모습으로 한국으로 돌아가고 싶지도 않았다.

나는 라오스에서 반드시 성공한다.

그는 허기진 배를 물로 채우며 몇 번이나 다짐했는지 모른다.

재기를 꿈꾸던 어느 날, 그는 메콩강 강변에 앉아 물건을 가득 실은 거룻배와 뗏목이 한가롭게 강 위를 떠다니는 것을 보다 무릎을 쳤다.

바로 저것이다. 내가 라오스에서 성공할 수 있는 사업은 바로 저것이다.

그는 애써 흥분을 가라앉히며 오랫동안 강 위의 배들을 지켜보았다.

라오스의 틈새시장을 개방하다

　1950년 프랑스로부터 독립한 라오스는 10여 년 동안의 내전을 거쳐 공산 정부가 들어섰다. 공산 정부는 경제를 포함한 모든 분야에서 다른 나라와 단절을 선언하고 국가를 경영했다. 내전과 공산화를 통해 라오스는 세계에서 가장 가난한 나라 중 하나가 되었다. 결국 라오스 정부는 최악의 경제 상황과 세계화의 물결에 굴복하고 1986년 개방화를 선언했다.

　개방화 이후 중국, 태국, 베트남 등 여러 나라로부터 투자 상담은 물론 원조 물자가 흘러 들어오기 시작했다. 그 원조 물자의 대부분은 나룻배와 뗏목에 실려 메콩강을 통해 들어왔다. 하지만 원시적인 운송 수단만으로는 물자를 수송하는데 어려움이 많았다.

　라오스 정부는 도로 확충을 국가 재건의 핵심 사업으로 추진했다. 메콩강을 중심축으로 삼고 그 주변에 거미줄 같은 도로망을 건설하겠

사자꼬리를 잡은 발칙한 생쥐이야기

다는 계획이었다. 그 결과 총 27만여 킬로미터에 달하는 도로가 보수되거나 신설되었다.

도로 확충을 국가 재건의 핵심 사업으로 추진한 이후 라오스의 도시 풍경이 급격하게 변하기 시작했다. 도로마다 중국산 오토바이가 질주하

라오스 운송사업의 미래를 예측한 이광조 사장

기 시작했다. 오토바이에 인력거를 연결한 툭툭이까지 등장했다. 그뿐이 아니었다. 라오스의 수도 비엔티안의 경우 1997년 일본 등 외국에서 중고 버스를 원조 받아 시내 18개의 노선을 운행할 정도로 발전했다.

그가 메콩강의 나룻배와 뗏목에서 본 것은 바로 라오스의 운송 사업에 대한 미래였다. 운송 사업은 라오스의 국가 재건 뿐 아니라 그의 재기가 걸린 황금 시장인 셈이었다. 그것을 발견한 순간 그의 불운은 끝이 났다.

그는 곧바로 라오스에서 두 번째 사업인 운수 사업에 착수했다. 그는 한국에서 중고 버스를 수입하여 버스 회사에 판매하거나 렌트할 생각이었다. 이제 막 운수 산업에 눈을 뜬 라오스에 버스가 절대적으로 부족하여 충분히 승산이 있는 사업이었다.

그는 자금을 끌어들여 중고 버스 수입 회사를 차렸다. 회사 이름은

라오카로 정했다. 그는 먼저 오토바이를 한 대 구입했다. 그리고 쉬지 않고 고객인 버스 회사들을 찾아 다녔다. 그의 사업적 판단은 매우 정확했다. 라오카에 중고 버스 구입이나 렌트를 문의하는 일이 끊이지 않았다.

그의 사업은 순항을 거듭했다. 그에 따라 직원 수도 늘어났다. 그는 직원 채용에 라오스 국민의 25%를 차지하는 소수민족을 선호했다. 그들은 정직할 뿐 아니라 성실했다. 대부분 산악지대에 살고 있는 그들은 일거리가 없었다. 그래서 가족 중 한 명이 비엔티안에 있는 회사에 취직이 되면 모든 가족이 함께 고향을 떠나 비엔티안으로 나왔다. 그는 그들과 함께 비엔티안에서 제2의 인생을 시작하는 기분으로 그들을 채용한 것이다.

그는 라오스의 시외버스 회사를 드나들며 영업을 하던 중 그 회사들의 치명적인 결함을 발견했다. 그것은 바로 서비스에 대한 개념이었다. 라오스 시외버스들의 서비스는 한마디로 엉망이었다. 승객에 대한 배려가 전혀 없었을 뿐 아니라 운수 사업의 기본인 시간 개념조차 없었다.

그는 시외버스 사업 진출을 심각하게 고려하기 시작했다. 서비스 개선과 정시 출발, 정시 도착만으로도 라오스의 시외버스 시장을 석권할 자신이 생겼다. 그는 거기에다 라오스에서는 생소한 직행 버스 체제로

사자꼬리를 잡은 발칙한 생쥐이야기

운영하기로 마음먹었다. 라오스에는 그때까지 완행버스밖에 없었기 때문이다. 그는 오랫동안 공을 들여 사업 계획을 다듬었다. 그리고 그 계획을 실행에 옮기기로 마음먹었다.

운수사업 지존의 지위에 오르다

그가 시외버스 사업을 하는데 가장 큰 걸림돌은 라오스 정부였다. 외국인이 라오스에서 사업을 하는 것은 쉬운 일이 아니었다. 모든 사업이 철저한 허가제였기 때문이다. 외국인이 라오스에서 운수 사업을 하기 위해서는 여러 가지 절차를 거쳐야만 했다. 먼저 외국인 투자 심의 기관을 거친 다음 공업청, 세무서, 교통부 등 여러 관계 기관의 허가를 받아야만 했다. 그 많은 기관의 허가를 받는 것이 사업 자체보다 힘이 들었다.

그는 관계 기관의 문턱이 닳도록 드나들었다. 하지만 허가는 좀처럼 쉽게 떨어지지 않았다. 라오스 관리들의 느긋함도 작용했지만 시외버스 시장을 장악하고 있는 완행버스 회사의 집요하고 조직적인 방해 공작이 있었기 때문이다.

사자꼬리를 잡은 발칙한 생쥐이야기

그러던 어느 날 라오스 경찰청으로부터 한 통의 전화가 걸려왔다. 라오카의 직행버스 사업에 합작 형식으로 투자를 하고 싶다는 제의를 했다. 투자 금액은 4천만 원. 그의 투자 금액 8억 원의 5%에 불과한 액수였다. 그는 며칠을 고민하다가 라오스의 경찰청 제의를 받아 들였다. 라오스에서 번 돈을 라오스 사람들에게 돌려주는 것도 좋을 듯 싶었다.

드디어 교통부로부터 직행버스 사업 허가가 떨어졌다. 서류를 제출한지 2년만의 일이었다. 버스 터미널에 '라오 익스프레스 서비스'라는 간판을 올리는 날 그의 머리 속에는 그동안 라오스에 빈손으로 들어와 고생하던 일들이 생생하게 떠올랐다.

그는 TV와 라디오를 통해 라오 익스프레스 서비스 광고를 대대적으로 했다. 광고의 컨셉은 3가지. 라오스 최초의 직행버스, 정시 출발 정시 도착, 완행버스보다 10% 비싼 요금이 그것이었다. 이 컨셉은 외국인 관광객과 라오스 상류층 사람들을 겨냥한 것이었다.

이 광고는 소비자의 마음을 움직였다. 라오 익스프레스 서비스의 첫 직행버스는 만석을 이루고 목적지를 향해 정시에 출발했다. 드디어 한국인의 손에 의해 라오스의 교통 문화가 한 단계 업그레이드되어 힘차게 출발하는 순간이었다.

라오 익스프레스 서비스가 출범한지 1년 6개월. 그동안 완행버스의 악의적인 운행 방해, 열악한 도로 사정이나 차종의 낙후 때문에 예정된 시간보다 지연되는 경우도 많았지만 그는 현장에서 몸소 어려움을 하나하나 해결했다.

그리고 그는 라오스 운수 산업 지존의 자리에 올랐다. 라오스 시외버스 32개 노선 중 그는 10개의 노선을 확보했다. 또한 라오스 특급호텔의 추천 버스로 지정되었으며 라오스 최대 축제인 분탈루황 축제 기간에 홍보 부스도 받았다. 그것은 라오 익스프레스 서비스가 라오스를 대표하는 기업으로 자리를 잡았다는 뜻이다.

800만 원을 갖고 라오스에 들어와 라오스 최고의 운수 회사를 키워낸 이광조 사장은 외국에 진출하여 사업을 하려는 사람들에게 이렇게 말한다.

"한국에서 일하고 싶었지만 할 일이 없었다. 하지만 라오스에는 얼마든지 할 일이 있다. 일을 열심히 하는 만큼 결과가 보이니 너무 행복하다."

· 이광조의 라오스 성공 전략

　/ **사업 종목 선택** _ 라오스에서 국책 사업으로
　미는 사업 중 운수 사업 선택
　/ **미래 예측** _ 라오스의 경제 속도보다 한 걸음
　앞선 사업
　/ **차별화 전략** _ 고급화 전략으로 새로운 고객
　창출

· 라오스의 또 다른 틈새시장

　/ 관광, 전력 외

김 병 상

'한국 웅대방심 두부제품 공사' 사장

두부 제조업

'예순네 살의 아름다운 두부 청년'

중국
(청두시)

중국.
아시아 대륙의 중앙부에서 동쪽으로 태평양의 서쪽 끝에 이르는 광활한 국토를 가진 국가. 중화인민공화국. 중국이라고 약칭한다. 면적 959만 6960㎢. 인구 12억 8430만 3705(2002). 수도는 베이징(北京).

청두시.
중국 쓰촨성(四川省)의 성도(省都). 인구 307만 9000명(1996). 쓰촨 분지의 서쪽 끝, 민장강이 형성하는 선상지(扇狀地) 선단(扇端)에 위치하며 12개의 현(縣)을 포함한다. 연평균 기온 16.7℃, 연평균 강수량 998㎜의 풍부한 수량과 온난한 기후로 일찍부터 농업이 발달하였고 촉금(蜀錦)이라는 견직물 등의 수공업도 발달하였다. 삼국시대에는 유비(劉備)가 이곳에 촉한(蜀漢)을 세웠으며, 당(唐)나라 안사(安史)의 난 때는 현종(玄宗)이 이곳으로 피란하여 남경(南京)이라 일컫기도 하였다. 명(明)나라 때는 촉왕(蜀王)을 위하여 황성(皇城)이 구축되었고, 1930년 이후 주위의 교구(郊區)를 편입하여 오늘에 이른다. 쌀·차·약재 등의 농산물 집산지이며, 기관차·약품·식품·기계·방적 등의 내륙 중공업 중심지로 철도·항공노선이 집중되어 있는데, 특히 청두공항은 1984년부터 국제공항으로서 그 기능을 한층 높였다. 시내에 무후사당(武侯祠堂), 왕건(王建)의 무덤, 두보초당(杜甫草堂) 등의 관광지가 있고, 교외에는 두장둑(都江堰)이라는 중국 사상 가장 유명한 수리 시설물이 있다. 그 밖에도 역사적인 기념물과 건물이 많다.

단돈 1원에서 새로운 인생을 열다

돈은 1전부터 시작한다. 1전은 금쪽같은 돈이다. 아무리 큰 돈도 시작은 1전부터다. 그래서 1전은 금쪽같을 수밖에 없다. 그러나 사람들은 이 작은 돈에 큰 의미를 두지 않는다. 길에 10원짜리가 떨어져 있어도 줍기는커녕 무심히 밟고 지나치는 게 다반사인 요즘 세상. 1전에 소중한 의미를 담고, 1전부터 시작해 성공이라는 열매를 키워낸 사람이 있다.

김병상(64).

그는 드넓은 대륙, 중국으로 잠입해 신바람 난 두부장수로 새로운 성공 신화를 창조한 장본인이다. 13억 중국인들 틈에서 낯선 한국

1원의 소중함으로 새로운 인생을 연 김병상 사장

인 한 사람이 마술처럼 우뚝 솟았다. 자본금이라 칭할만한 돈도 없이, 낯선 땅에서 보호받을 수 있는 인맥도 없이 그는 어떻게 단 2년 만에 성공의 고지에 도달할 수 있었을까.

　중국 쓰촨성(四川省)의 성도인 청두(成都)시.

　이곳의 한 시장 입구에 자리한 '한국 웅대방심 두부제품공사'라는 거창한 이름의 두부가게는 겨우 6평 남짓한 구멍가게 수준이다. 여기서 김병상 씨는 중국의 새벽을 연다. 두부는 새벽 장사기 때문이다.

　문을 열기 무섭게 첫 손님이 서 있다. 아예 꼭두새벽부터 기다리고 서 있었던 손님의 손엔 100원짜리 지폐가 들렸다.

　"백 위엔(16,000원)짜리는 안 받아요."

　"왜요?"

　"죄송합니다."

　김병상 씨는 두부를 건네주며 돈은 돌려준다. 깐깐한 중국인 손님은 손에 들려있던 두부를 내려놓고 그냥 간다. 손님은 조금 뒤 다시 두부가게를 찾았다. 다른 물건을 사고 잔돈을 바꿔온 것이다. 그 손님의 직업은 요리사. 고액권을 받지 않아 기분 나쁜 것도 돈을 바꾸는 수고로움도 감내하고 꼭 사가야 하는 귀한 두부다. 두부 가격은 한 모에 1원. 한국 돈으로 160원 정도다. 뒤이어 찾아온 단골 할머니. 또 100원짜리 지폐를 내민다. 단골이라 차마 거절하지 못하는 김병상 씨는 지폐 감

별을 한다. 손으로 만져보고, 규격
을 맞춰보고, 감별기를 통해 모택
동의 얼굴과 숫자 색깔까지 확인.
무려 4단계의 감별 방법을 거치고
나서야 거스름돈을 내어 준다.

그가 이렇게 하는 것은 단지 거
스름돈을 세기 귀찮아서가 아니다.

김병상 사장은 두부를 직접 팔며 종업원처럼 일한다

중국이 위조지폐와의 전쟁을 선포했기 때문이다. 까딱 잘못해 위조지
폐를 받으면 100배의 손해를 볼 수 있다. 단돈 1원짜리 두부에 100원
짜리니. 그래서 가급적 100원짜리를 받지 않으려는 것이다.

김병상 씨의 두부가게에 슬슬 손님들이 몰려든다. 그 중엔 반모만
달라는 손님도 적지 않다. 한 모에 1원인 두부 반모면 50전. 그는 1원
보다 50전을 받는 것이 더 재미있다. 돈은 1전부터 시작하니까. 그래
서 금쪽같은 돈이 1전이다. 1전은 그래서 중요하다. 뼈아픈 실패를 겪
은 자만이 1전에서 돈이 시작된다는 것을 안다. 김병상 씨는 이 1전에
서 시작하는 1원짜리 두부장수다. 두부 외의 주력 상품인 콩물(콩국)
은 1원 30전. 한국에서 수십억 재산을 굴렸던 김병상 씨는 단돈 1원에
서 새로운 인생을 시작했다. 그 새로운 인생의 터전이 중국의 청두시
(成都市)다.

  작은 가치를 소중하게 여길 때 큰 열매를 맺는다 했던가. 또 티끌이 모여 태산이 된다 했던가. 부자에게도 가난한 자에게도 평등한 1원짜리 김병상 씨의 두부와 콩물은 지금까지 정말 불티나게 팔려나갔다. 단돈 1원짜리에 불과하지만 두부 장사는 무시 못할 태산처럼 불어갔다.

  하루 평균 매출 최소 1,000원(元).

  중국 서민층 직장인 2달 봉급이다. 대부분 이런 매출을 올리자면 하루 종일 장사에 매달릴 것이라 생각한다. 그러나 그의 두부가게는 반나절도 되지 않아 물건이 바닥난다. 그래서 조금 늦게 가게를 찾는 손님들은 아예 가게 밖에서 '없어요?' 라고 먼저 물어본다. 때문에 김병상 씨는 더러 물건을 아껴서 팔기도 한다. '없어요?' 할 때 '있어요!' 하며 손님들을 조금씩 받는 것이다. 실은 손님들이 한꺼번에 오는 것보다 꾸준히 오는 것이 더 낫다. 손님들이 막 몰려들면 돈을 받았는지 안 받았는지도 모를 정도이기 때문이다.

사자꼬리를 잡은 발칙한 생쥐이야기

운동화 수출업체 사장에서 1원짜리 두부장사로

- 변화가 많은 곳에 기회가 있다

한국에 있을 때 김병상 씨는 운동화를 수출하는 중소기업 사장이었다. 중동, 남미, 아프리카까지 경기가 좋을 땐 한달 평균 30컨테이너의 운동화를 수출했다. 수십억 재산을 굴리며 정말 남부럽지 않게 생활했다. 그러나 IMF라는 거대한 해일을 만났을 때 그도 예외 없이 휩쓸리고 말았다. 3년을 버티다 결국 30년 인생을 건 운동화 사업체를 잃었다. 그리고 2000년. 그는 한국 땅에서 모습을 감췄다. 이름도 없이 무너져갔던 수만 개 중소기업 사장 중의 한 사람이었던 그는 이제 중국이 주목하는 한국인이 되었다. 그런데 어떻게 재기할 수 있었을까. 그의 재기 발판은 정말 엉뚱하게 시작되었다.

"두부 기계 하나 팔려고 중국에 갔지. 북경에서 상해로 가려고 표 사러 갔더니 상해 표가 없잖아. 마침 청두 가는 표가 있었어. 그래서 청두 가는 표를 산 거야. 두부 기계 팔려고."

자신이 가고자 했던 상해로 가는 차표가 없어 무작정 청두 가는 표를 샀던 김병상 씨. 이 엉뚱한 행보가 오늘의 그를 만들었다. 그 행보에는 당시 너무도 캄캄하고 절망적이라 꿈도 꿀 수 없었던 성공이라는 짜릿한 구원병이 기다리고 있었다. 엉뚱한 행보답게 엉뚱한 일을 저지른 것이다.

중국 사람들은 의심이 많다고 했던가. 막상 두부 기계를 팔려고 보니 사람들의 반응이 시큰둥했다. 중국 사람들은 두부를 사기 전에 만져보고 냄새도 맡아본다. 기계를 돌려 두부가 만들어지는 것을 보여야 했다. 그는 그곳에서 두부 기계를 팔기 위해 두부를 만들었다. 그것이 그만 1원짜리 두부장사가 되어버린 것이다.

얼떨결에 흘러들어온 청두 시. 그것도 하필 중국에서도 외진 서부의 쓰촨성(사천성). 얼떨결에 흘러들었던 곳이지만 그에게는 동물적 감각이 있었다.

아, 이곳에서 두부 장사를 해야겠구나.

그는 북경이나 상해가 아닌 쓰촨성의 청두를 과감히 선택했다. 청두는 변화를 꿈꾸는 외진 도시였기 때문이다. 도시와 길이 생기는 것은 사람이 모이기 때문이다. 또 사람은 돈이 생기는 곳에 모인다. 그리고 기회는 변화가 많은 곳에 생긴다. 이것이 그가 청두를 선택한 이유다.

그의 선택은 적중했다. 청두는 중국의 많은 다른 도시들 보다 GDP

가 높고 잠재력이 뛰어난 도시다. 더불어 중국 정부가 개척을 선언한 서부 개발 전략 기간 중 매우 중요한 도시로 간주하고 있는 곳이다. 바로 이곳에서 그는 자신의 인생에서 전혀 예견치 못했던 두부 장사를 시작한 것이다. 한모에 1원짜리 두부 장사.

세계의 크고 작은 많은 투자자와 기업들이 새로운 기회를 얻기 위해 중국에 진출한다. 그러나 미처 완비되지 않은 행정 제도, 문화의 차이가 악재로 작용했다. 자연히 시행착오에 이어 실패를 겪는다. 맨손으로 중국에 온 김병상 씨 역시 그런 과정을 고스란히 겪었다. 두부를 만들었다고 무조건 팔 수 있는 것이 아니다. 그는 두부를 팔기 위해 수많은 허가증을 받아야 했다. 신체 검사에서 바코드 따는 일까지. 생각만 해도 진저리쳐지는 허가증들. 조금 편하게 일하자면 현지인의 도움을 받으면 되는 일이다. 그러나 그는 쉽고 빠른 것보다 확실한 것을 택했다.

"여기 중국 사람 명의로 가게를 내면 우선 비용이 적게 들어. 세금도 적지. 그러나 그렇게 하면 그건 중국 사람 회사지 한국 사람 회사가 아니야. 또 만일의 경우에 보호받을 수 있는 근거가 없어. 고생은 했지만 내 이름으로 허가증을 따놓고 나니 든든해. 시비 걸 사람도 없고 얼마나 당당해."

그는 서툰 중국어로 모든 일을 하나하나 직접 처리했다. 그 중 그가 가장 자랑스러워 하는 것은 간판에 태극기를 그려 넣은 일이다. 대기업들조차 중국식으로 이름을 바꿔 진출하는 상황이다. 그런데 그는 오히려 태극기를 앞세워 한국인 가게임을 더 내세웠다. 물론 이 일을 위해 행정부를 쫓아다닌 것만 꼬박 2년. 중국인 행정 관리들도 혀를 내둘렀다. 이로써 그는 중국 내의 다른 외국인 가게는 상상조차 하지 못할 한국인 김병상만의 브랜드 이미지를 갖게 되었다.

사자꼬리를 잡은 발칙한 생쥐이야기

중국의 서부 개척 선언

쓰촨성은 1978년 개방을 선언함으로써 경제 부흥을
이끈 중국의 국부, 등소평의 고향이다. 중국 정부는
한국이 IMF의 열병으로 시름하고 있을 때 서부 개척
을 선언했다. 중국판 골드 러시인 서부 개발. 그때까
지 중국의 서부 지역은 험한 지형으로 개발에서 소외
되었지만 천연자원이 많은 곳이었다. 이 잠재력을 중
국이 보고 있었던 것이다. 과거 삼국지의 촉나라였던
쓰촨성은 중국이 개척을 선언한 서부의 10개 성에 속
한다. 특히 쓰촨성은 유비가 제갈량과 함께 와신상담
을 했던 가장 외지고 신비한 땅이다.

폼 안 내고 머슴같이 일하는 구두쇠
- 중국인이 감동받은 한국식 성공 전략

새벽 4시 반.

'한국 웅대방심 두부제품공사'의 종업원들이 일을 시작하고 있다. 한국인 사장 김병상 씨가 오기 전에 알아서 먼저 일을 하는 것이다. 종업원이래야 단 2명. 한 명은 오지에서 농사를 지으며 가난하게 성장한 소수민족인 장족 출신의 23살 청년. 다른 한 명은 자존심과 명분을 중요시하는 한족 출신의 20살 청년이다. 이들이 숙식을 해결하는 방엔 중국과 한국의 신문이 같이 걸려 있다. 중국은 그들의 현실이고 한국은 그들의 미래다. 이들의 급여는 500원. 우리 돈으로 8만 원도 안 된다. 그럼에도 이들은 몸을 아끼지 않고 일을 한다. 젊은이들답게 더러 잔꾀도 부릴 수 있건만. 이들은 그런 것과는 거리가 멀다. 미래를 위해, 보다 윤택한 미래의 삶을 위해 20대 초반의 중국인 청년들은 한국

사자꼬리를 잡은 발칙한 생쥐이야기

인 김병상 사장을 배우고 있는 것
이다. 이들은 왜 김병상 사장을 배
우며 몸을 아끼지 않는 것일까. 머
슴 같은 사장이기 때문이다.

　"사장님께 가장 배우고 싶은 것
은 악착같이 일하는 정신력입니다.
무슨 일이든 아주 효율적으로 처리

막일, 잡일을 도맡아야 성공할 수 있다

하시거든요. 또 막일도 마다하지 않으시고 손수하시며 우리가 일하기
편하게 해주십니다."

　중국인 종업원들이 본 김병상 사장은 일반적 통념의 사장들과 달랐
다. 돈을 물 쓰듯 쓰는 한국인 사장들이나 체면을 중시하는 중국인 사
장들과는 달라도 한참 달랐다. 김병상 씨는 새벽 5시 반이면 어김없이
가게로 출근한다. 청소원과 두부는 새벽 장사. 그는 두부 가게의 문을
열고 4년이 다 되어가는 지금까지 청소원과 똑같은 시간에 하루를 시
작했다. 그리고 사람을 부리는 사장이기를 거부했다. 종업원들과 같이
막일을 한다. 또 그들이 편하게 일할 수 있도록 해 준다. 6평 두부가게
의 한국인 사장과 중국인 종업원들. 이들은 미래를 위해, 자신들의 목
표를 위해 새벽과 밤을 지키는 중국 대륙의 외인구단이다.

　김병상 씨의 이런 모습은 종업원들 뿐 아니라 두부를 사러 오는 중
국인들에게도 큰 감흥을 주었다. 이것이 그가 대대적 성공의 기회를

잡은 이유다. 근면하고 솔직하게 일하고 맛있는 두부를 만드는 그의
이야기가 사천일보에 보도된 것이다.

- 환갑이 넘은 나이에 청년처럼 일하는 한국인 김 사장
- 두부 파는 한국인 부부
- 한국의 구두회사 사장이 청두에서 두부를 판다

특이할 것도 없는 신문의 제목과 내용. 이 신문의 기사를 보도한 기
자는 매일 아침 그의 가게에서 콩물을 사가던 단골 손님이었다. 처음
엔 그저 맛이 좋아서 사먹던 콩물. 사천일보의 기자는 2년 간 꾸준히
콩물을 사먹으면서 김병상 씨의 모습을 지켜보았다. 그리고 김병상 씨
의 이야기를 보도해야겠다는 생각을 했다.

"과거에는 한국 사람들에 대해서 거의 알지 못했습니다. 한국에서
청두에 투자하러 온 기업인들을 보았는데 대부분 그들은 큰 사업을 주
로 합니다. 김 선생님과는 비교가
되었지요. 하지만 김 선생님을 알
고부터 나는 한국 사람들이 부지
런하고 우리 중국 사람들과 비슷
한 점이 많다는 것을 알게 되었습
니다. 김 선생님은 과거에 신발회

실패를 두려워하지 않고 다시 일어난 두부파는 부부

사자꼬리를 잡은 발칙한 생쥐이야기

사 사장이었지만 지금은 이렇게 작은 두부가게를 합니다. 그의 이런 정신, 넘어져도 두려워하지 않고 다시 일어나 시작하는 정신은 많은 사람들에게 교훈을 줍니다. 그래서 많은 매체들이 김 선생님의 이러한 정신에 관심을 가지는 것입니다."

겨우 6평에 불과한 김병상 씨의 작은 두부가게는 그렇게 알려지기 시작했다. 북경에서조차 중국 서부 사천성의 한국인 두부가게에 관심을 가졌다. 사천일보의 보도를 시작으로 북경 CCTV와 사천 TV, 여러 잡지에 김병상 씨의 기사가 실렸다. 그에게는 두부 맛을 넘어 중국인들이 감동하는 뭔가가 있었다.

신문, 방송, 잡지에 김병상 씨의 이야기가 실린 후 그는 수많은 팬레터를 받았다. 호야(안녕하십니까)로 시작되는 중국인들의 편지에는 새로운 한국인의 모습과 한국식 경영 기법에 관심을 보이는 이야기가 많다. 또 중국 내 13번 째 소수민족으로 살아가는 2백만 조선족들은 인생의 실패를 딛고 일어난 김병상 씨의 재기에 동병상련을 느끼기도 했다. 대부분 가난에서 벗어나기 위해 노력하는 조선족들. 그러나 사기를 당하기도 하고 철저한 패배의 쓴맛을 보기도 한다. 그 막바지

변함없이 콩물을 애용하는
쓰촨일보 기자 위짱 (오른쪽)과 함께

에서 김병상 씨에게 편지를 쓰며 동병상련과 새로운 용기를 얻는 사람도 있다.

　이처럼 중국인들은 김병상 씨를 통해 한국인의 새로운 모습을 본다. 그리고 김병상 씨의 한국식 경영 기법에 공감한다. 더더욱 그들이 감동하는 것은 체면이나 폼 따위에 아랑곳하지 않는 한국인 사장의 모습. 머슴같이 일하는 모습. 돈을 많이 벌었음에도 구두쇠처럼 사는 검소한 모습. 두부를 사러오는 손님들과 다를 바 없는 평범한 생활인의 모습들이다.

김병상 씨가 말하는 중국에서 돈버는 비법

/ 폼 내지 마라
/ 한국에서보다 더 구두쇠가 되어라
/ 머슴같이 일해라

시대가 바뀌어도 변하지 않는 사업아이템

뼈저린 사업 실패 후 김병상 씨는 화려한 재기를 꿈꾸지 않았다. 다만 당시의 곤궁한 생활 속에서 벗어나고자 작지만 알찬 재기를 노렸다. 그는 중국 땅을 찾았을 때 도시의 빌딩 숲을 외면했다. 그가 찾은 곳은 서민들의 시장 골목이었다. 시대가 바뀌어도 변하지 않는 사업 아이템을 찾기 위해서였다.

시장 골목을 배회하던 그의 눈에 띈 것은 두부였다. 수백 가지 방식으로 요리되어 팔리고 있는 두부. 거기다 두부는 시대의 변화에 따라 모습을 달리하며 생명력을 유지하고 있었다. 건강과 요리에 대한 중국인의 관심은 설명이 필요치 않을 만큼 높다. 그래서 처음엔 두부 기계를 팔려고 했다. 그러다 얼떨결에 두부를 만들었고 그것이 재기의 발판이 되었다.

사자꼬리를 잡은 발칙한 생쥐이야기

중국은 매년 8%가 넘는 고도 성장으로 경제 수준이 높아지고 있다. 이렇게 변화된 중국인의 생활 속에서 두부는 새롭게 떠오른 건강 식품으로 자리 잡고 있었다. 자본주의 경제 활동으로 바빠진 중국인의 아침. 자전거와 함께 일상적인

자전거로 아침을 여는 중국인들에게
두부는 최고의 인기 식품이다

풍경이 된 것이 간단한 아침 식사를 제공하는 식당들이다. 두부로 만든 콩물인 '또장'은 중국인들이 아침에 즐겨 찾는 일종의 스프다. 여기에 만두와 꽃빵을 곁들이는 아침 식사는 시장 골목부터 일류 호텔까지 공통적이다. 거기다 도시화와 현대화에 따라 과거와 달리 활동량이 적어진 중국인들에게 저 열량, 고단백 식품은 단연 인기다. 기름기 많은 중국 전통의 고기 요리를 대신해 새로운 단백질 식품으로 각광받고 있는 음식이 바로 두부다.

성인병 예방에 좋은 식물성 고단백 식품. 거기다 가격까지 싸니 많은 사람들이 두부를 찾고 두부를 싫어할 리 없다. 바로 이거였다. 김병상 씨는 시대를 넘어 사람이 사는 세상에서 사라지지 않을 음식 중 두부를 꼽았다. 두부 장사야말로 시대가 바뀌든 변하든 영구히 이어갈 수 있는 최고의 사업 아이템이었다. 단돈 1원짜리 장사지만 1원을 빼고 시작하는 장사는 없다. 그는 두부 장사를 하기로 마음먹었다. 그냥 두부 장사가 아니라 최고의 품질, 최고의 맛을 내는 두부 장사.

중국 청두의 치즈, 두부 제조업 _ 김병상

새로운 방식의 제조기법과 특별한 맛

— 성공전략 두 번째

"다르다."

"달라요."

"다릅니다."

"틀려요."

김병상 씨의 두부와 콩물을 즐겨먹는 사람들의 한결같은 평이다. 뭐가 다르고 뭐가 틀리다는 것일까.

맛과 품질이다.

김병상 씨의 두부와 콩물에는 확실히 특별한 뭔가가 있다. 그 특별함은 무엇일까.

그가 만드는 콩물은 깨끗하고 맛있다. 걸쭉해서 든든한 요기가 되고 또 신선하다. 땅콩과 깨를 넣어 고소한 맛도 일품이다. 거기에 담백하

사자꼬리를 잡은 발칙한 생쥐이야기

기까지 하다. 두부는 부드러우면서도 끈기가 있다. 진한 고소함이 혀 끝에서 오래 느껴진다. 여기에 제조 과정에서 김병상 씨만의 정성과 노하우가 들어간다. 그래서 여타 가게의 제품들과 확연히 다른 것이다. 뛰어난 맛에 훌륭한 품질. 이것이 그의 가게로 줄줄이 사람들을 모이게 하는 가장 큰 이유다.

"좋은 제품이 나오려면 누가 뭐라 해도 좋은 재료를 써야 해요. 나는 좋은 재료를 쓰는 것 만큼은 신념처럼 굳게 지켜요."

김병상 씨가 신념처럼 굳게 지킨다는 좋은 재료는 콩 하나다. 두부는 콩이라는 단일 재료로 만들어진다. 그래서 좋은 재료의 선택이 가장 중요한 과제이고 해답이다. 그는 단골로 거래하는 콩 도매상을 찾을 때마다 일일이 콩을 씹어보며 맛과 단단함을 확인한다. 도매상 주인이 이것저것 권하기도 하지만 듣는 둥 마는 둥 할 뿐. 포대에 담긴 콩들을 직접 먹어보고 질량까지 알아본다. 물에 잘 불려지지 않는 콩은 두부와 콩물의 재료로 적합하지 않기 때문이다. 거기다 일주일에 20가마 이상 써야 하는 콩이다. 재료를 잘못 선택하면 두부의 맛이 다를 수 있다. 그래서 많은 시간이 걸려도 재료 만큼은 최상 최고를 고집하는 김병상 씨다.

두부 만들기는 생각처럼 쉬운 일이 아니다. 까다로운 공정들이 많다. 그래서 김병상 씨는 한국에서 제작한 기계를 들여와 두부 만드는 공정을 간편화시켰다.

　불리고, 갈고, 끓이고, 짜고, 굳히고….

　이렇게 만드는 두부는 최소 3시간 이상 걸린다. 그리고 잠시라도 때를 놓치면 맛에 차이가 난다. 또 완성된 두부는 황금빛이 나야 한다. 이런 모든 공정을 그는 한 치의 오차 없이 기계화시켰다. 그리고 두부 만드는 모든 과정을 투명한 유리를 통해 손님들에게 직접 보여주며 물건을 팔았다. 이는 중국에서 가장 문제가 되고 있는 위생과 청결 문제를 한 번에 해결하는 결과를 가져왔다. 손님들은 논바닥의 물을 떠와 두부를 만드는 중국의 전통적인 방식과 다른 두부를 만나게 되었다. 깨끗한 재료와 물을 사용해 만드는 새로운 방식으로 만든 두부. 이 두부는 방송을 타고 사람들에게 알려졌다. 손님들이 더 많이 몰려든 것은 당연했다.

　이른 새벽.

　6평의 '한국 웅대방심 두부제품공사'에 불이 켜졌다. 이제 중국 사천성은 한국인 김병상의 두부가 중국인을 깨우고 새벽을 열고 있다.

사자꼬리를 잡은 발칙한 생쥐이야기

중국보다 깊은 맛, 중국보다 빠른 경영방식

- 성공전략 세 번째

성공에 안주하는 사람은 참다운 성공을 거둘 수 없다. 김병상 씨는 새로운 방식으로 만든 두부와 콩물의 성공에 안주하지 않았다. 새로운 메뉴 개발에 나선 것이다. 그 첫 번째가 두부 피. 3시간 동안 물기 하나 없이 쪄내는 두부 피는 국수나 쌈을 싸먹는 것으로 팔리고 있다. 이 역시 중국인의 입맛을 사로잡는 메뉴의 하나로 자리 잡았다. 이 뿐이 아니다.

그는 김치와 인절미 등 한국 식품을 선보이고 판매에 나섰다. 두부의 성공에 이은 다음 목표가 바로 한국 음식의 판매. 그는 한국의 전통 음식으로 세계적인 명성과 아성을 자랑하는 중국 요리에 도전장을 낸 것이다. 두부와 함께 어쩌면 더 큰 성공을 향해 달릴지 모르는 한국 음식. 그 첫 작업은 김치다.

쓰촨 평반 고등전문학교.

사천의 유일한 전문대학교인 이곳은 사천 요리를 가르치는 전문학교다. 김병상 씨는 김치 사업을 위해 이곳 학생들에게 특별 강의를 한다. 이 강의에는 부인과 경북 김천 시청 소속 박종기 씨가 함께 했다. 박종기 씨는 1996년 김천 시와 자매결연 한 쓰촨성의 청두 시에 파견된 한국 공무원이다. 자국의 이익을 극대화하는 비즈니스맨으로서 그는 김병상 씨의 김치 사업을 적극 돕고 있다. 한국 사람들이 거대한 중국시장에 많은 관심을 갖는데 반해 한국을 제대로 모르는 중국인들이 많다. 때문에 박종기 씨는 한국의 기업들이 많이 진출했으면 하는 바람을 갖고 있다. 그래서 중국에서 먼저 자리를 잡은 한국인 김병상 씨의 김치 사업이 좋은 모델을 제시해 주길 바란다.

김병상 씨의 한국 김치에 대한 특별 강의는 학생들의 큰 관심을 모았다. 2001년 말, 중국 북경에 김치가 첫 진출했기에 쓰촨성의 중국인들에게 한국 음식은 낯선 존재다. 그러나 학생들은 김치 요리 강의를 진지하게 들었다. 배추를 소금에 절인 뒤 고춧가루, 새우젓, 찹쌀가루 등 갖은 양념으로 버무리는 과정이 복잡하고 미묘한 듯 질문이 꼬리를 이었다. 강의가 끝난 후, 학생들은 김병상 씨가 준비해 간 인절미와 김치를 맛있게 먹는다. 인절미 역시 김치와 함께 김병상 씨의 한국 음식 프로젝트다.

사자꼬리를 잡은 발칙한 생쥐이야기

한국 김치와 많이 다를 뿐 사실 쓰촨에도 김치는 있다. 쓰촨 김치에는 닭발까지 들어가는데 주로 느끼한 고기와 같이 먹는다. 맛은 한국 김치와 달리 얼얼할 정도로 매운 것이 특징이다. 일반적으로 중국 사람들은 매운 것을 잘 못 먹는다. 그러나 쓰촨 사람들은 신 맛과 매운 맛, 톡 쏘는 향기를 즐긴다. 이 독특한 쓰촨 지방의 요리는 중국 4대 요리 중 하나다.

중국의 4대 요리는 크게 지역적 특징으로 분류한다. 광동성을 중심으로 남쪽 지방에서 발달한 광조우(廣東) 요리, 사천성을 중심으로 산악지대의 풍토에 영향을 받은 쓰촨(四川) 요리, 황하 하류의 평야 지대를 중심으로 발달하여 상하이로 대표되는 상하이(上海) 요리, 수도인 베이징의 고도를 중심으로 궁중 요리가 발달한 베이징(北京) 요리. 이 중 한국 요리와 가깝거나 비슷한 것이 쓰촨 요리다.

쓰촨 지방은 바다가 멀고 더위와 추위가 심해 예로부터 악천후를 이겨내기 위해 향신료를 많이 쓴 요리가 발달하였다. 때문에 다양한 재료와 함께 맛이 독특하고 조미료의 종류가 많다. 이는 요리의 장기 보관을 가능하게 했다. 특히 산악 지대에서 나오는 소금인 암염(岩鹽)은 절임 음식의 밑받침이 되었고 이는 신 맛과 매운 맛, 톡 쏘는 맛과 향기가 기본을 이루고 있다.

두부처럼 엉뚱한 김병상 씨의 김치 사업은 쓰촨 사람들의 기호와 맞아 떨어진다. 매운 맛을 즐기는 쓰촨 사람들. 매운 음식의 소비 시장이 큰 쓰촨성. 거기다 한국 요리에 대한 관심이 조용히 확산되고 있는 곳 쓰촨의 청두 시.

　김병상 씨의 두부 가게 간판이 또 바뀌었다. 큼지막하게 한국 김치가 추가로 적힌 간판. 그는 두부와 김치를 비롯한 한국 음식 판매 가게를 체인화할 계획을 조용히 실천에 옮기고 있다. 그래서 현대식으로 건설된 대형 모범 시장 신스초 시장에 가게를 내었다. 이미 시로부터 김치 판매에 대한 허가증을 받아놓았기에 한 발 한 발 목표를 향해 다가가고 있는 것이다.

　세계적인 중국 음식과 경쟁하기 위한 체인 1호점인 셈이다. 중국 음식과의 경쟁에서 이기려면 맛은 중국 음식 만큼 깊어야 하고 경영 방식은 중국보다 빨라야 한다. 중국의 유통 형태가 서구화되어 대형 매장이나 백화점의 매출이 매년 늘어나고 있기 때문이다. 이런 유통 형태에 발 맞춰 김병상 씨는 체인점을 키워 2008년 북경올림픽 때 한국 음식을 공급하겠다는 꿈을 키우고 있다. 중국인 같은 한국인. 중국인보다 더 지독하게 사는 한국인 김병상 씨의 꿈은 지금도 영글어가고 있다.

김병상 씨는 한국음식판매 체인화를 위해 노력하고 있다

사자꼬리를 잡은 발칙한 생쥐이야기

60 넘어 이룬 성공과 자존심

　김병상 씨는 부인과 함께 10평짜리 서민 아파트에 산다. 사업 부도 후, 피난 오듯 시작한 단출한 살림. 중국에서는 허세보다 실속이 중요하다. 그래서 그는 구두쇠처럼 산다. 그러다 보니 집에서든 밖에서든 폼 낼 이유도 필요도 없다. 머슴처럼 일하는 것도 자연스럽다.

　"흔한 말로 인생은 빈손으로 왔다가 빈손으로 간다고 했지. 나도 빈손으로 갈 거니까 마음 비우고 살 거야. 그래도 아직 할 일이 많아. 그래서 정말로 내가 성공했다고 생각할 때 한국으로 다시 갈 거야. 한국에서 마지막으로 내가 하고 싶은 일을 하고 싶어. 하지만 세상살이는 누구도 몰라. 한국으로 다시 못 가면 여기서 뼈를 묻는 거지."

　그는 엉뚱하게도 자신이 만든 운동화 샘플을 만지며 말한다. 그는 중국에서 힘들 때마다 30년 인생을 걸었던 운동화 샘플을 만들곤 한다. 그의 말처럼 세상살이를 누가 미리 알 수 있을까. 30년을 바쳐 신발 사업을 일군 중소기업 사장이 어느 날 중국에서 두부 장사, 김치 장사, 떡 장사를 할 줄 누가 알았겠는가. 어쨌든 삶은 주어진 기회를 어떻게 활용하느냐에 달렸다. 그는 중국에서 일단 두부 장수로 재기했고 성공했다. 조금 뒤이어 중국에서 한국 음식으로 또 다른 성공 신화를 만들지도 모른다. 그러나 그는 자신이 성공했다고 생각하지 않는다. 자신의 진정한 성공은 한국으로 돌아와 다시 신발 사업을 하는 것. 자신이 만든 운동화에 B.S KIM, '병상 김'을 새겨 세계로 수출하며 다시 일어서리라는 굳은 다짐을 하고 있다. 이 다짐은 그의 진정한 꿈이기도 하다.

그가 이런 다짐을 하는 것은 과거 한국에서처럼 큰 돈을 벌고 사장이라는 자리를 찾기 위해서가 아니다. 한국인 '김병상'이라는 이름 석 자. 이 이름을 남기고 싶은 것이다. 이것은 소리 소문 없이 무수히 쓰러져간 수만 개 중소기업 중 하나였던 자신의 회사를 다시 세우고 싶은 꿈도 아니다. 돈보다, 명예보다 더 중요한 것이 남자의 자존심이기 때문이다.

사자꼬리를 잡은 발칙한 생쥐이야기

· 김병상이 성공한 3가지 이유

/ 체면을 버리고 내실을 다진다
/ 중국 만큼 깊은 맛, 중국보다 빠른 경영 방식
/ 자신만의 브랜드를 가진다

· 중국 쓰촨성 지역의 또 다른 틈새시장

/ 건설업, 가공식품 유통업, 식품 및 공산품 포
장사업, 상업 인테리어 등

황광섭

'피닉스' 사장

가 구 제 조 업

'함께 나누는 희망, 함께 이루어가는 꿈'

러 시 아
(블라디보스토크)

러시아
유럽에서 아시아에 이르는 옛 소련 영토의 대부분을 차지하는 국가. 정식 명칭은 러시아연방(Rossiyskaga Federatsiya). 면적은 1707만 5000km²(한반도의 78배, 미국의 1.8배). 국토 동서 양극 지역 간 시차는 총 11시간 대. 인구 1억 4466만 4000명(2001).

민족구성 : 러시아인(82%), 타타르인(4%), 우크라이나인(3%), 기타 100여 민족(고려인: 약 20만 명)

1인당 GDP : 2,437 $(2002년)

화폐 단위 : 루블(Rouble). 1$ = 31루블(2002.8월 말 현재)

블라디보스토크(Vladivostok)

러시아연방 동부 프리모르스키 지구의 가장 큰 도시이자 행정 중심 도시. 1860년 7월 2일에 도시가 처음 건설되었으며, 인구는 약 65만 9천 명. 블라디보스토크란 '동방을 지배하라'라는 뜻이다. 동해 연안의 최대 항구도시 겸 군항이다. 소련 극동함대의 근거지였으며, 북극해와 태평양을 잇는 북빙양 항로의 종점이며, 시베리아 철도의 종점이기도 하다. 현재 무역항의 기능이 시의 동쪽 약 90 km 지점에 신설된 나홋카 항으로 옮겨졌다.

블라디보스토크는 광산장비제조·기계제조·목재가공·도자기·의약품·식료품 등의 공업이 발달해 있다. 철도 도시로서 시베리아 횡단철도의 동쪽 총점이며 국내선 전용공항도 있다. 러시아연방 극동지역의 교육·문화 중심지로서 현재 "21세기 철의 실크로드"로 불리는 한반도종단철도와 시베리아 횡단철도 연결사업이 적극적으로 추진되고 있다. 극동·시베리아지역은 넓은 땅에 풍부한 자원과 고도의 기초과학 및 우주항공기술을 보유하고 있는 높은 경제적 잠재력을 지닌 지역이다.

자본금 3,000만원, 연매출 70억 원대

러시아 대륙의 동쪽 끝에 자리한 블라디보스토크. 낡고 애수에 찬 이 항구 도시는 20세기 초반까지만 해도 무역, 외교, 상업의 중심지였다. 때문에 이름난 전 세계의 무역 전문가, 자본가, 외교관들은 이곳으로 몰려들었다. 더불어 광활한 러시아 대륙을 잇는 세계에서 가장 긴 시베리아 횡단 열차의 시발착 역이 건설되기도 했다. 그러나 제1차 세계대전의 발발과 1917년의 러시아 혁명은 모든 것을 바꾸어 놓았다. 블라디보스토크에 극동 함대 본부가 들어서면서 외국인들은 물론 자국민들조차도 함부로 출입할 수 없는 군사 상 보안지대가 되어 버린

애수를 띄고 있는 블라디보스토크 항

러시아 블라디보스토크의 치즈, 가구 제조업 _ 황광섭

것이다. 이로써 블라디보스토크는 장장 75년에 걸친 깊고 긴 잠에 빠졌다. 그리고 1992년 1월. 소련연방이 해체되면서 블라디보스토크는 잠에서 깨어났다. 세계를 향해 개방되었고, 세계의 무역 전문가, 자본가, 외교관들에게 다시 개방된 것이다.

철도와 항만이 동시에 존재하는 도시.

마치 한국의 부산을 연상케 하는 이 항구 도시는 동쪽으로 중국, 북한, 몽골과 국경을 맞대고 서쪽으로는 유럽까지 이어진다. 이 기막힌 입지 조건 때문에 전 세계의 상품이 미래의 황금 알 블라디보스토크를 노리고 쏟아져 들어온다. 무역 도시로의 성장 잠재력을 무한히 가진 것이다. 이를 간파한 일본은 일찍 진출해 중고차 시장을 선점했다. 뒤이어 우리나라도 중고 버스를 수출하고 있다.

한국인 황광섭(53) 씨가 이 도시에 진출한 것은 1996년. 외국인에게 개방된 때이긴 했지만 경제, 사회적으로 위험한 요소가 많은 곳이었다. 그는 이 위험 요소를 부가가치로 받아들였다.

러시아는 아직도 기회가 많은 곳임을 말하는 황광섭 사장

"위험이 많은 곳에 기회가 있고 더불어 부가가치도 높습니다. 나는 그것을 인정했고 과감히 발을 내디뎠습니다."

절대 도박이 아니었다. 그는 블라디보스토크가 가진 무한 성장

사자꼬리를 잡은 발칙한 생쥐이야기

잠재력을 내다본 것이다. 전통적으로 가구에 대한 애착이 많은 러시아 인들. 한국에서 가구 판매업을 하던 그가 주목한 것은 바로 이것이었 다. 그리고 그는 현금 3,000만원으로 '피닉스 가구회사'를 설립, 현재 연 매출 600만 달러, 우리 돈으로 75억원의 회사로 성장시켰다.

황광섭 씨의 가구회사는 외국인 투자자들의 VIP 코스다. 그다지 큰 규모는 아니지만 옐친 시절에도 130%의 가동률을 보인 놀라운 성장 때문이다. 이처럼 외국인 투자자들이 블라디보스토크를 즐겨 찾는 이 유는 무엇일까. 장차 러시아 경제를 이끌 연해주의 대동맥으로 부상하 고 있는 도시이기 때문이다. 그래서 그는 외국 투자를 희망하는 한국 의 기업들에게 말한다. 아직도 기회는 많다고. 이 기회를 놓치기 전에 어서 진출하라고.

러시아에서 성공한 러시아식 경영법

8년 전. 황광섭 씨는 두려움을 안고 블라디보스토크에 진출했다. 서울에서 비행기로 불과 두 시간 거리. 러시아라는 먼 이름에 비해 가까운 거리였지만 그가 만난 러시아인들은 몇 배나 더 낯설었다. 더더욱 경제학 박사들도 초보자가 될 정도로 경제 상황은 혼란스러웠다. 그 혼란의 틈에 낯설음을 삼키며 그는 원시인처럼 하나씩 러시아를 배우고 익혔다.

그가 가구업으로 수익을 거둔 가장 큰 비법은 절세. 세금을 줄이는 것이었다. 가구의 완제품 대신 부품 상태로 수입해 세금을 절약한 것이다. 고급 제품에 속하는 그의 가구 회사는 70% 이상 질 좋은 한국 재료를 쓴다. 이것을 현지에서 가공해 일자리를 창출했고 가구 판매에 있어서도 현지인들의 형편에 맞춰 물물교환을 한다. 가구와 술의 물물

사자꼬리를 잡은 발칙한 생쥐이야기

교환이 대표적인 예다. 현금 거래를 하면 세금을 내야 하지만 물물교환을 하면 세금을 내지 않아도 된다. 페레스트로이카 이전에는 많은 기업들이 물물교환을 했다. 그 사회주의 잔재는 지금도 남아 기업들 간의 물물교환이 성행하고 있다.

황광섭 씨는 철저하게 러시아의 상업 형태에 순응했다. 그리고 러시아의 사회 환경에 적응했다.

러시아의 대부분 기업들은 은행과 거래를 하지 않는다. 도산하는 은행이 많기 때문이다. 그래서 개인 금고를 두는 기업들이 많다. 황광섭 씨도 예외가 아니다. 그도 개인 금고를 두고 돈을 관리한다. 또한 직원들의 월급날이 제각기 다르다. 피닉스 가구 회사의 직원은 총 25명. 그가 직원들의 월급을 각기 다르게 정한 이유는 무엇일까. 월급날을 노리는 러시아 마피아 때문이다.

한국과는 달라도 너무 다른 러시아의 사회 환경. 이는 그의 가구 회사에도 어김없이 적용된다. 피닉스 가구 회사의 자재 창고는 늘 잠겨 있다. 필요할 때마다 사장인 황광섭 씨가 직접 자재를 꺼낸다. 도난 때문이다. 그것도 자신의 회사 러시아인 직원들에 의한 도난.

"여기 사람들은 도둑질이라는 생각을 전혀 하지 않아요. 자재 창고 문을 열어 놓으면 다들 차가 있으니까 물건을 차에 갖다 실어요. 그래서 내가 '그걸 왜 가져 가냐'고 물으면 이들은 아주 떳떳하게 말해요. '그럼 내가 언제 돈 벌어서 이런 걸 장만하겠냐, 남는 걸 좀 가져가면 어떠냐 고 오히려 반문해요. 정말 기가 막히죠."

　이런 상황에서 그의 성공은 놀랍기까지 하다. 문제는 또 얼마나 자주 터지는가. 자존심 강한 러시아인들은 실수를 저질러도 끝내 인정하려 들지 않는다. 첩첩산중, 가도가도 끝없는 문제의 길 뿐이다. 피닉스 가구 회사의 직원 회의 시간을 살짝 엿본다.

　또 문제가 생겼다. 주문한 가구를 이상하게 만들어 실수를 한 것이다. 그러나 담당 직원인 올리야는 끝까지 자신의 실수를 인정하지 않는다. 황광섭 씨의 러시아어 통역을 맡고 있는 고려인이 끝까지 몰아붙여도 막무가내다. 보다 못해 화를 내어야 할 황광섭 씨가 서툰 러시아어로 중재에 나선다. 말리는 게 가장 큰 문제 해결책이라는 것을 알기 때문이다. 이를 말리지 않으면 러시아에선 몇날 며칠이고 회의와 중론이 계속된다. 그렇게 되면 일단 일은 뒷전이다. 황광섭 씨는 말썽이 생긴 가구 매장에 나선다. 문제를 직접 확인하기 위해서다.

　러시아에선 소규모 가구가 인기다. 모두 손님의 주문에 따라 일일이 색깔과 디자인을 맞춰 가구를 생산한다. 개성이 강한 러시아인들은 자신이 직접 그린 그림을 가져와 가구를 주문하기도 한다. 그러면 가구회사는 이를 설치까지 해주어야 한다. 러시아인들은 아파

현장에서의 가구조립상태 확인 작업

사자꼬리를 잡은 발칙한 생쥐이야기

트를 분양받으면 벽지도 바르지 않은 상태에서 개인이 자신의 취향대로 실내를 장식한다. 그리고 돈이 없으면 당당하게 물물교환을 한다. 자본주의와 사회주의 사이에서 휘청대는 경제 상황. 그래도 자본주의 바람이 더 세긴 하다. 이 바람은

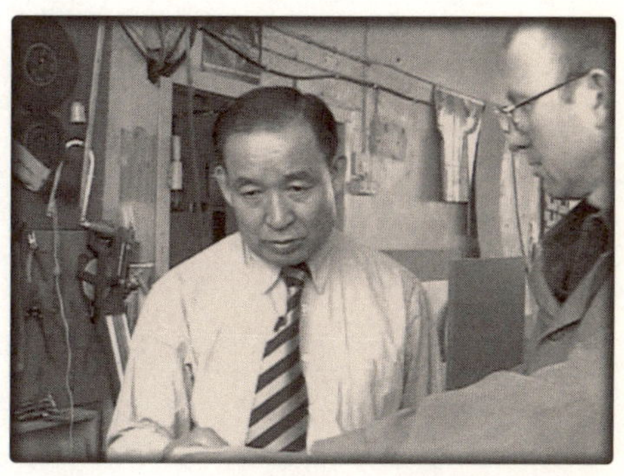

주문제작이 많은 가구에 대한 디자인 점검

블라디보스토크에 가구 경쟁업체가 20개로 늘어난 것만 봐도 쉽게 알 수 있다.

황광섭 씨가 문제 확인에 나선 곳은 가구 매장. 실수를 한 서른일곱 살의 올리야는 매장의 책임자다. 그는 실수에 대한 추궁 대신 작은 선물과 함께 그 달치 월급을 들고 왔다. 겸연쩍어 하는 올리야.

자존심 강한 러시아인들은 너그러운 사람을 높이 평가한다. 비난보다, 추궁보다 더 큰 약이다. 황광섭 씨는 이를 빨리 파악했다. 한국에서처럼 실수를 추궁하고 이후에 똑같은 일이 발생하지 않기 위해 주의를 주지 않는다. 러시아에서 성공하고 살아남는 법은 일단 모든 것을 너그럽게 받아들이는 자세다. 거기에 실수를 거론하지 않고 따뜻한 위로를 건네거나 위안을 주는 일. 즉, 그들 스스로가 깨우치도록 유도하는 것이 중요하다. 자신들이 스스로 깨우치면 실수도 그만큼 줄어들기 때문이다.

러시아 블라디보스토크의 치즈, 가구 제조업 _ 황광섭

낯설고 어색한 곳. 블라디보스토크에서 황광섭 씨가 성공한 러시아 식 경영법이 바로 이것이다.

사자꼬리를 잡은 발칙한 **생쥐**이야기

황광섭의 러시아식 경영법

/ 부품 상태의 원자재 수입으로 세금을 줄인다
/ 물물교환 등 러시아의 상업 형태에 순응한다
/ 러시아의 사회 환경에 적응한다
/ 러시아인 직원들의 실수를 너그럽게 받아들
　이고 오히려 위로를 해준다

러시아 블라디보스토크의 치즈, 가구 제조업 _ 황광섭

사회를 먼저 알아야 사업도 성공한다

러시아에선 여성들이 직장 생활에 더 적극적이다. 여성들 대부분이 생계를 책임지기 때문이다. 매장 책임자인 올리야도 벌써 3번째 이혼을 했다. 남은 것은 아들과 딸. 러시아에선 이혼을 할 경우 90% 이상 엄마가 아이들을 맡는다. 이혼율 또한 60% 이상. 통계도 내지 못할 정도다. 올리야처럼 여러 번 이혼하는 경우는 비일비재하다. 러시아 사회에선 여성의 결혼 횟수가 능력으로 받아들여질 정도다. 왜 이렇게 이혼율이 높은 것일까. 대개 이혼의 원인은 남편의 경제적 무능력과 무책임함이다. 때문에 러시아에선 사회적으로나 가정적으로나 여성들의 입김이 세다.

피닉스 가구회사도 예외가 아니다. 직원 25명 중 절반이 여자 직원들이다. 또한 이들이 회사를 주도적으로 이끌어간다. 피닉스에서 경리 일을 하는 올가(37). 그는 대학에서 경제학을 가르치는 교수였다. 그런 그가 황광섭 씨의 가구 회사 경리가 되었다.

　러시아에선 교수와 의사가 극빈층에 속한다. 월 10만 원 정도의 보수로는 가족을 부양하기 힘들다. 물론 그보다 더 힘든 것은 따로 있다. 사회주의에서 자본주의로 급속히 변화하는 러시아에서 교수로서 느끼는 무기력함과 자괴감. 때문에 교수나 의사들의 이직은 이들 사회의 보편화된 현상일 뿐이다. 이런 현상 속에서 경제력 있는 딸이 아들을 대신해 부모를 모시고 사는 경우는 많기도 하지만 전혀 낯선 풍경이 아니다.

　이런 현실과 달리 과거 러시아 사회는 가부장제였다. 그러나 지난 100년 간 사회주의 체제는 여성을 교육시키며 일을 가르쳤다. 단지 이것만이 여성을 강하게 만든 것은 아니다. 여성을 더욱 강하게 만든 것은 전쟁에 나간 남자를 대신해 꾸려야했던 고통스런 삶이다. 고리키의 소설 '어머니'도 러시아 사회에선 평범하고 흔한 예에 불과하다. 이런 고통스런 삶을 고스란히 받아들였던 러시아 여성들. 그러나 현대 여성들은 발 빠르게 자본주의를 배워가고 있다. 또한 고통스런 삶을 살았던 옛 여성들도 지금의 자본주의를 반기고 있다. 평생 사회주의의 배급표로 살아온 올가의 외할머니. 그도 자본주의를 알아가고 있다.

　"옛날보다 지금이 훨씬 좋아. 돈만 있으면 뭐든 다 살 수 있는 세상이니까. 옛날에는 줄만 오래 섰다가 물건도 없이 빈손으로 돌아왔거든."

　돈이 만능이라는 것은 아니지만 능력만 있다면 하고 싶은 일을 할 수 있는 세상. 어쩌면 이런 세상은 러시아 여성들의 오랜 바람이었는지도 모른다. 한마디로 러시아는 자본주의 바람보다 앞서 여성들이 먼저 변화에 순응하고 개척해 나가고 있는 것이다. 그래서 러시아 사회에서 강자는 일을 사랑하는 여성이다. 이러다보니 상대적으로 남성의 위치는 추락할 수밖에 없다.

　피닉스의 남자 직원 중 대다수도 이혼 경험이 있는 사람들이다. 이들은 입김 세고 적극적인 러시아 여성들 틈에서 그나마 살아남기 위해 노력하는 사람들이다. 러시아 남자들을 가만히 살펴보면 대체로 수동적이다. 마치 똑똑하고 야망 있는 형들은 모두 죽고 바보 이반처럼 특유의 낙천성을 무기로 살아가고 있는 것 같다. 여기에는 혼란스러웠던 러시아 역사 탓도 있다. 과거 러시아에서 남자가 살아남는 길은 군인으로 노동자로 적당히 현실에 순응하는 방법뿐이었다. 그러나 러시아 남자들에게도 장점은 있다.

　그들이 자랑하는 것은 연장까지도 손수 만들어 쓰는 뛰어난 손기술이다. 부족한 군수물자 속에서 무기를 고치고 연장 없이 강제 노동을 하며 배우고 익히고 쌓은 기술들. 그러나 발 빠르게 대응하고 움직이며 살아가야 할 경쟁 체제 속의 자본주의 사회에서 이 기술들은 전 근대적인 유물일 수밖에 없다.

황광섭 씨는 이런 면모까지 수용했다. 러시아에서 사업을 하는데 가장 중요한 것이 인력이기 때문이다. 지도적인 여성과 수동적인 남성을 이끌기 위해 그는 가장 먼저 러시아 사회를 이해해야 했다. 아니 지금도 러시아 사회를 이해하기 위해 노력하고 있다. 그는 여전히 전형적인 한국 남자이기 때문이다. 러시아에서 살아왔던 지난 8년 동안 한국인으로서의 생활 방식은 조금도 변하지 않았다. 늘 그랬던 것처럼 아내의 내조를 받았고 식성 하나 변하지 않았다.

러시아 여성들의 자립심이나 지도적인 성향에 자극을 받은 것은 오히려 황광섭 씨의 부인 남성자(50) 씨였다. 전업주부였던 그는 재작년 가게를 내었다. 한국에서 휴대폰이나 화장품 등을 수입해 판매하는 가게. 그가 용기를 내어 일을 하게 된 계기는 무엇일까.

"여기 와 보니 여성들 모두 일을 하고 있었어요. 그런데 나는 아무것도 하지 않으니 직원들이 남편에게 부인은 뭘 하냐고 물었던가 봐요. 남편이 그냥 아무 것도 하지 않는다고 하니 부인 머리가 좀 이상한 것 아니냐고 하더래요. 어떻게 하루 종일 아무 것도 하지 않고 놀 수가 있냐고. 그래서 저도 자극을 받았죠. 그런데 막상 일을 해 보니 자신감도 생기고 여기서 사는 게 즐거워졌어요. 러시아 여성들이 씩씩하게 사는 걸 보고 저도 용기를 얻은 거죠."

자신감이 생긴다는 것. 이것이 가장 큰 수확이다. 그러나 러시아 여성들은 자신감만으로 사회 생활을 하지 않는다. 그들에겐 가장 크고 절실한 생계 책임의 의무가 우선이다. 그러기 위해선 자신감을 가지고 사회에 나와야 하고 지도력을 갖추어야 살아남을 수 있다. 그래서 더 적극적으로 사회 생활을 이어갈 수밖에 없다. 바로 이것이 러시아 사회의 한 면모이고 러시아 여성들이 살아가는 방식이다.

사자꼬리를 잡은 발칙한 생쥐이야기

버는 만큼 베푼다

러시아는 지금 변화하고 있다. 가장 큰 변화는 사회주의 체제에서 자본주의 경쟁 체제로의 전환이다. 이 변화의 과정에서 사회적 혼란은 어쩌면 당연한 통과의례인지도 모른다. 그러나 혼란의 틈에는 상처받고 버려지는 것이 있다. 한국전쟁 이후 우리나라도 수많은 전쟁 고아들이 상처받고 버림받았듯이 러시아 역시 예외가 아니다. 알코올 중독과 실업, 세계 최고의 이혼율. 이로 인한 가정 붕괴와 사회적 혼란의 가장 큰 피해자는 아이들이다.

부모의 관심에서 멀어지거나 버림받고 돌아갈 집도 없이 거리를 떠도는 아이들. 이런 아이들이 러시아에 140만 명이 넘는다. 거리로 내몰린 아이들 대다수가 불과 6살에 담배를 피기 시작하고 부탄가스, 마약 등의 약물 중독에 쉽게 빠져 들어가고 있다.

러시아 블라디보스토크의 치즈, 가구 제조업 _ 황광섭

흔히들 혹독한 삶이라고들 하지만 그래도 유일하게 행복했던 때를 꼽으라면 어린 시절이다. 그러나 지금 러시아 아이들은 양극단에 서 있다. 이혼 가정에서 떠받들어지거나 혹은 버려지는 것. 러시아에서 사업을 하고 안정 기반을 이룬 황광섭 씨는 이 부분에도 눈길을 돌렸다. 거리의 아이들을 위해 벌써 5년째 '나눔의 집'을 운영하는 것. 물론 처음엔 거리의 아이들에게 따뜻한 밥이나 한 끼 먹이자 싶어 시작한 일이다.

블라디보스토크 시내 한 곳에서 황광섭 씨에게 연락이 왔다. 그는 황급히 길을 나선다. 그를 기다리는 거리의 아이들. 블라디보스토크의 현직 국회의원 체피코프 씨가 보다 못해 길에서 데려온 아이들이다. 아이들 중의 하나는 손에 상처까지 나 있다. 그 아이들에게 손이라도 치료해 주고 밥이라도 먹였으면 해서 황광섭 씨에게 연락한 것이다. 적극적인 투자 유치로 경제를 한 단계 발전시킨 정치가조차도 자본주의로 변화하며 생겨난 러시아 사회의 혼란에는 해법이 없다. 가난과의 전쟁을 선포한 나라의 국회의원이 거리의 아이들에게 해 줄 수 있는 일은 하나밖에 없었다. 자신도 할 수 없는 일을 실천하고 있는 낯선 이방인에게 전화를 해 주는 것. 그는 자신의 나라 사정에 대해 짧게 단언한다.

"지금 러시아 국민들은 정신적 공황 상태에 빠져 있습니다. 바뀐 체

사자꼬리를 잡은 발칙한 생쥐이야기

제 속에서 계속 혼란스러워하고 있는 거죠. 이게 아닌데 하고 생각하고 있는 겁니다. 그런 한편 권력자들은 일반인들이 과거에만 집착하고 있어서 문제라고들 말합니다. 권력자들은 국민을 위해 하는 일없이 그저 사회가 스스로 변하기를 기다리고만 있습니다. 정말 안타까워요."

가난한 나라의 국회의원이 무슨 큰 힘이 있을까. 그래도 황광섭 씨 같은 사람이 자신의 나라에서 사업을 하고 또 사회를 위해 좋은 일을 하고 있다는 것이 그저 고마울 따름이다.

체피코프 씨에게 아이들을 인계받은 황광섭 씨는 담배를 피우는 아이에게 따뜻한 훈계를 한다.

"아이들이 담배 피우면 안돼. 어른이 된 다음에 피워."

"다들 피우는데요 뭐."

"그래도 어른이 된 다음에 피워."

그의 말에도 아랑곳하지 않는 아이들. 이 아이들을 차에 태워 '나눔의 집'으로 왔다. 나눔의 집에는 많은 아이들이 있다. 아이들 중 일부는 일상처럼 드나들기만 하는 아이들도 있다. 배가 고플 때 와서 허기를 채우면 다시 거리로 나가는 아이들이다. 그 아이들에게 구속은 또 다른 혼란이다. 황광섭 씨는 그에 대해 뭐라고 간섭하지 않는다. 자율적으로 알아서 정착하기를 기다릴 뿐이다.

그러나 이곳에서 정착하든 하지 않든 '나눔의 집' 아이들과 황광섭 씨 사이엔 암묵적인 약속이 있다. 자해와 마약을 하지 않아야 밥을 먹

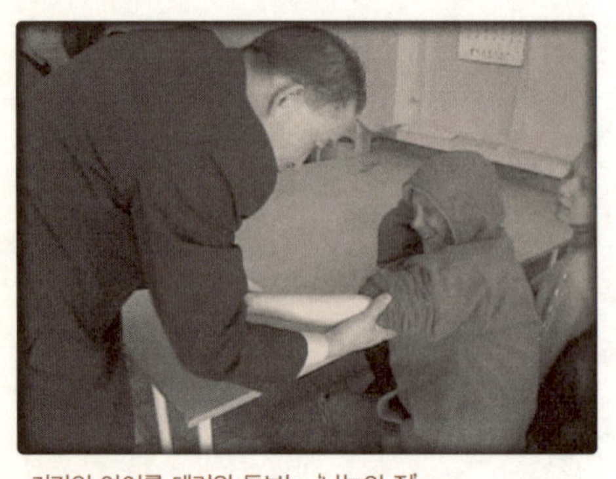

거리의 아이를 데려와 돌보는 '나눔의 집'

을 수 있다는 것. 방금 거리에서 데려온 아이는 어릴 때부터 칼로 자해를 해 왔다. 이젠 팔에 담배로 지진 상처까지 나 있다. 일단 치료부터 해야 한다. 유난히 황광섭 씨를 따르는 또 다른 여자 아이. 이 아이의 팔에 또 자해의 상처가 났다. 아이들은 대개 술을 마시고 술김에 자해를 한다. 치료를 하면서도 은근히 화가 날 지경이다.

이곳 아이들에게 한국에서 가져온 옷들로 새 단장을 시켜주는 건, 부인 성자 씨 몫이다. 옷 한 벌 없이 거리를 떠돌지만 그래도 아이들은 자존심 강한 작은 러시아인이다. 옷이 마음에 들지 않으면 안 입는다. 남자 아이들은 벌써 현실보다 자유분방한 삶을 좋았던 그들의 아버지를 닮아가고 있다.

밥을 먹고 허기를 채우고 상처를 치료받은 아이들이 날이 저물자 '나눔의 집'을 나간다. 체피코프 씨의 손에서 황광섭 씨 품으로 온 아이들.

"어디가?"

"집요."

"집?"

사자꼬리를 잡은 발칙한 생쥐이야기

아이들은 대답 대신 바삐 발걸음을 옮긴다. 염려스런 마음에 그는 뒤를 따라갔다. 아이들이 가는 곳은 블라디보스토크가 한 눈에 바라다 보이는 언덕. 그곳에 낡은 아파트 한 채가 을씨년스럽게 서 있다. 아이들의 집은 아파트 건물 지하. 출구가 어딘지 분간이 가지 않는 통로로 기어 들어가는 아이들. 아이들은 습기가 가득한 이곳이 예전에 살았던 쓰레기장보다 쾌적하다고 좋아한다. 어디선가 주워다 놓은 물건들로 부모들의 살림살이를 흉내 내고 있다.

술주정뱅이 아빠와 무기력한 엄마들을 둔 아이들이 똑같이 부모의 불행을 닮아가고 있다. 남녀 구별 없이 혼숙을 하며 일찍 성에 눈뜨고 10대 후반에 아이를 낳고 섣부른 결혼을 한다. 이혼과 방황을 거듭하는 삶. 통제력 없는 무방비 상태의 아이들은 또 다시 마약이나 부탄가스 등의 약물과 폭력에 노출된다. 한 마디로 거리의 아이들은 러시아 가정 붕괴의 피해자이자 원인이다.

황광섭 씨는 안타까운 마음을 접고 아파트를 나와 거리로 나선다. 또 다시 만나는 거리의 아이들. 황광섭 씨를 모를 리 없는 이 아이들은 그에게 다가와 당당하게 말한다.

"아저씨, 돈 좀 주고 가세요. 내일 점심은 아저씨네 가서 해결할 거예요."

안쓰러운 마음에 그는 아이들의 잠자리를 묻는다. 봄이라고 하지만 러시아에선 6월 초까지는 겨울 날씨다.

"오늘은 어디서 잘 건데?"

"되는대로요. 지하도 같은데서."

"추운데 여기서 이러지 말고 어서 지하도로 가."

그는 자존심 강한 작은 러시아인들에게 '나눔의 집'으로 가자고 말하지 않는다. 그들은 비록 거리를 떠돌지만 작은 일도 스스로 선택하는데 비중을 두고 있기 때문이다.

지하도로 아이들을 보내고 집으로 향하는 황광섭 씨. 안쓰러운 마음이 가시지 않는다. 인생의 행복은 어디에 있는가. 저 아이들에게 희망이 있는가. 사람들은 누구나 마음 속에 행복의 파랑새가 숨어있다고 한다. 그러나 삶에 대한 사색이 묻어나는 러시아. 이곳 블라디보스토크엔 파랑새가 없다.

사자꼬리를 잡은 발칙한 생쥐이야기

파랑새를 찾아서

러시아인들은 춥고 긴 겨울을 이기기 위해 따뜻한 집을 마련한 뒤 세 가지 중 하나를 한다고 한다. 술을 마시거나 사색을 하거나 사랑을 한다는 러시아인들. 이처럼 낭만 중 하나였던 보드카는 가정과 사랑, 모든 것을 무너뜨리고 있다. 이제 알코올 중독은 러시아의 일상이 되어 버렸다.

피닉스 가구 회사의 직원인 고려인도 알코올 중독이다. 그는 술만 마시면 무단 조퇴나 결근이 잦다. 황광섭 씨는 이를 그냥 넘기지 않는다. 대체로 러시아인 직원에겐 깍듯이 예의를 다하지만 고려인에겐 술 마시지 말라고 닦달한다. 핏줄이 당긴다는 걸 이럴 때 하는 말일까. 그에겐 심하게 야단을 치고 닦달해도 마음이 편안하다. 고려인 직원 역시 사장님의 야단이 섭섭하지는 않다. 그만큼 자신을 생각해 준다는 걸 느끼고 있기 때문이다.

가끔씩 블라디보스토크를 찾는 한국인들은 이곳에 한국 냄새가 난다고 한다. 실제로 블라디보스토크엔 많은 한민족이 산다. 중국 조선족. 러시아 속의 한민족 고려인. 그리고 또 다른 한민족은 북한 동포. 황광섭 씨는 북한 동포와도 친숙하게 지낸다.

북한은 1년 전 블라디보스토크에 진출했다. 오늘은 북한 무역부 파견 직원이 찾아왔다. 고민 끝에 수예품을 팔아달라는 것이다. 계획했던 전시회가 지난 번의 사스 때문에 무산되자 매달릴 곳이라곤 황광섭 씨 뿐. 일국의 무역 대표가 외국의 명화를 본 뜬 수예품을 들고 다니는 걸 보니 서글픔이 돈다.

중국의 조선족. 러시아의 고려인. 그리고 남한과 북한 사람. 1911년에 건설된 한인 집단 거주지 신한촌의 사람들.

이곳 블라디보스토크엔 서로 다른 한국인이 파랑새를 꿈꾸며 산다.

러시아인들은 영혼을 중요시한다. 사랑에 잘 빠지고 밤새 술을 마시는 것은 곧 영혼을 나눈다고 생각하기 때문이다. 얼음에 채워 놓은 보드카 한 잔으로 삶에 지친 목구멍을 개워내는 것. 러시아인의 행복은 너무나 소박하다. 황광섭 씨는 이 소박한 러시아인들의 행복을 채워주기 위한 노력도 한다. 직원들과 식당에서 단체 회식을 하는 것.

"우리 직원 중 경리 말이에요. 명색이 대학 교수 하던 사람인데 식당

사자꼬리를 잡은 발칙한 생쥐이야기

을 한 번도 안 가봤대요. 그 말 듣고 나서부터 직원들을 가능하면 고급 레스토랑에 초대해서 식사를 합니다. 열심히 하면 이렇게 먹을 수 있고 즐길 수 있다는 걸 보여주기 위해 노력하는 거지요.”

가족을 부양하느라 식당 한 번 못 가본 전직 교수도 자기만의 남자를 찾는 이혼녀도 자신의 회사 사장이 초대한 레스토랑에서 만큼은 즐겁다. 내일 눈 속에 파묻혀 죽을지 모르니 오늘의 짧은 인생을 낙천적으로 즐길 줄 아는 러시아인들이다.

황광섭 씨와 직원들은 식당에 모여 앉아 술잔을 든다. 건배 구호는 ‘우린 뭐든지 할 수 있다’ 를 세 번 합창하는 것. 러시아인들보다 조금 일찍 자본주의를 경험하고 경쟁에서 살아남은 황광섭 씨는 이렇게 그들 곁에서 냉정한 적자생존의 법칙을 따뜻하게 가르치고 있다. 러시아인들은 안장을 얹는데는 시간이 걸리지만 일단 올라서면 바람처럼 달린다는 것을 알기 때문이다.

직원들과 회식을 한 다음 날. 황광섭 씨는 낙하산 인사를 단행했다.

새로운 러시아의 경제 상황에 적응하지 못하는 연금 생활자 할아버지다. 일단 자잘한 일을 시켜본다. 본인이 데려오고도 불안하기만 한 황광섭 씨. 그래도 따뜻한 가르침은 잊지 않는다. 황광섭 씨의 러시아어 통역을 맡은 고려인 여성은 또 고개를 젓는다.

“사장님은 꼭 이상한 사람만 데려와요. 유능한 사람은 안 데려 오고.”

이에 황광섭 씨가 웃으며 말한다.

"꿈이 없고 비전이 없는 사람에게 꿈과 희망을 심어주는 것 만큼 좋은 일이 없죠. 그래서 그렇게 하는 거예요."

너무 미약한 부분이라 드러나지도 않는 일. 그러나 누군가는 꼭 해야 할 일. 낙담하고 혼란에 빠진 러시아인들에게 황광섭 씨는 오늘도 꿈과 희망을 심어주기 위해 거리를 나선다.

사자꼬리를 잡은 발칙한 생쥐이야기

· 황광섭이 성공한 이유

/ 완제품 대신 부품 상태로 수입하고 물물교환
  등으로 세금을 줄인다
/ 러시아 사회의 진면목을 면밀히 파악하고 있다
/ 버는 만큼 현지의 불우한 사람들에게 베푼다
/ 버려진 사람, 꿈과 비전이 없는 사람들을 고
  용함으로써 꿈과 희망을 준다

· 러시아의 또 다른 틈새시장

/ 식료품 등 대형 유통업, 서민 의류사업 등

러시아 블라디보스토크의 치즈, 가구 제조업 _ 황광섭

권 의 소

'오성콩고' 사장

다이아몬드 채굴업

'끈기와 노력이 가져다준 정직한 성공'

콩고민주공화국

아프리카 내륙 중심부에 있는 국가로 수단, 알제리에 이어 세 번째로 국토 면적이 크다. 대서양 연안의 콩고 강 하류 약 35킬로미터의 해안선에서 내륙으로 펼쳐진 광대한 영토를 갖고 있다. 1960년 벨기에로부터 독립한 이후 지금까지 내전에 휩싸여 있다. 현재 아프리카의 여러 나라가 내전에 군사적으로 개입하고 있는데 그 주된 원인은 세계 1위의 생산량을 자랑하는 공업용 다이아몬드 때문이다.

다이아몬드 시장의 거래 방법

　콩고민주공화국의 수도 킨샤샤의 대낮은 30도를 넘나드는 더위로 모든 것이 정지되어 있는 듯 한적하고 고요하다. 하지만 유대인과 레바논 출신들이 장악하고 있는 다이아몬드 거래소 거리는 예외였다. 이 거리는 하루 종일 다이아몬드를 사고파는 사람들의 흥정으로 어느 나라 대도시 못지않게 활기차다.

　40대 중반으로 보이는 흑인이 그 거리의 끝에 있는 다이아몬드 중개소로 들어섰다. 중개소 안에는 사장인 유대인과 고객인 중동인 그리고 정부에서 파견한 감시관이 앉아 있다. 중동인은 여러 다이아몬드 산지를 돌아다니며 다이아몬드를 사들인 다음 시세 차익을 남기고 대규모 거래상에게 파는 중개 상인이다. 또 한 사람, 감시관은 중개소에서 사고파는 다이아몬드의 물량과 가격을 체크하여 나라에 보고를 하는 정부 관리다.

이제 막 들어온 흑인의 허름한 옷차림으로 미루어 보아 그들의 말쑥한 옷차림과 전혀 어울리지 않아 당장이라도 중개소에서 쫓겨날 듯 보인다. 그러나 중개소 사장인 유대인은 이미 와있는 중동인 고객과 상담을 하다 말고 호들갑스러울 정도로 그를 반갑게 맞았다. 유대인은 직접 흑인을 고객 대기실로 정중히 안내한 다음 먼저 와있던 중동인 고객과 다시 상담하기 시작했다.

유대인은 중동인 고객이 내놓은 다이아몬드들을 핀셋으로 나누고 그 품질을 정밀하게 살피기 시작했다. 이곳 거래소에서는 다이아몬드의 가치를 중량(carat), 색상(color), 투명도(clarity) 등으로 결정하는데 그 등급이 무려 1만여 가지나 되었다. 등급 간의 가격 차이는 매우 크기 때문에 잘못 판단하면 막대한 손실을 입는다. 유대인은 다이아몬드에서 눈을 떼지 않고 입을 열었다.

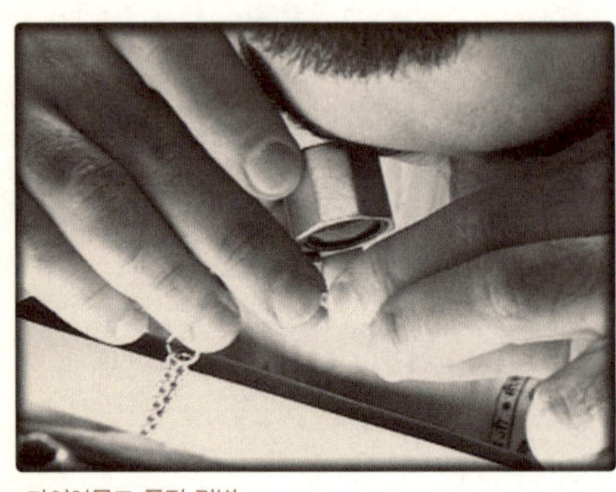
다이아몬드 품질 감별

"이번에는 치카파와 부지마이를 다녀오셨군요."

치카파와 부지마이는 콩고민주공화국의 유명한 다이아몬드 산지다. 유대인의 말에 다이아몬드를 팔러온 중동인 고객은 대답하지 않

사자꼬리를 잡은 발칙한 생쥐이야기

았다. 중동인은 그 간의 경험상 유대인이 다이아몬드의 가격을 깎으려고 할 때마다 산지를 들먹이는 등 자신의 해박한 다이아몬드 지식을 상대에게 자랑한다는 것을 잘 알고 있기 때문이다.

중동인이 이 유대인과 거래를 한 것은 3년 전이었다. 첫 번째 거래에서 유대인은 중동인이 놀랄 정도로 후한 가격을 매겨 주었다. 그러다 거래가 반복되자 조금씩 가격을 깎기 시작했다. 중동인은 유대인이 가격을 터무니없이 부를 것이라고 생각했다.

"모두 다 해서 5,300달러를 드리죠."

유대인의 말에 중동인은 속으로 코웃음을 치며 처음으로 입을 열었다.

"7,000달러."

"5,600달러 이상은 안 됩니다."

중동인은 다이아몬드를 비닐봉지에 담기 시작했다. 그리고 두말없이 밖으로 나가 버렸다. 다른 다이아몬드 중개소로 가거나 그것이 여의치 않으면 내일 다시 올 생각이다. 유대인도 굳이 중동인을 잡지 않는다. 중동인이 내일 다시 오리라는 것을 알고 있기 때문이다.

유대인은 오랫동안 기다린 흑인 고객을 정중하게 맞았다. 오래 전에 이 거리에서 뿌리를 내린 그는 장사꾼의 문리를 터득한 중간 상인보다 다이아몬드 광산을 직접 운영하는 순박한 고객을 선호한다. 거래 방식이 중간 상인보다 훨씬 수월하기 때문이다.

유대인은 흑인이 내놓은 다이아몬드를 정밀하게 조사를 한 다음 구입 가격을 말했고 흑인은 고개를 끄덕였다. 밀고 당기는 일이 없이 거래가 성립된 것이다. 감시관이 거래 물량과 가격을 수첩에 기록했다. 퇴근 전까지 상사에게 보고할 생각이었다. 흑인이 돈을 받고 중개소 밖으로 나가자 감시관이 벽에 걸린 시계를 보았다. 벌써 퇴근 시간이 가까워지고 있었다. 유대인이 감시관의 의중을 눈치 채고 입을 열었다.

"중개소 문을 닫을 시간이 다 되었군요."

감시관은 유대인과 잠깐 잡담을 나눈 후에 밖으로 사라졌다. 유대인은 중개소의 문을 닫은 다음 철제로 된 금고를 열어 그가 사들인 다이아몬드를 꺼내 일일이 장부와 대조하기 시작했다. 다이아몬드를 수출할 서류를 만들어야 하기 때문이다.

다음 날 유대인은 다이아몬드를 들고 중앙감정소를 찾았다. 중앙감정소는 콩고민주공화국에서 생산되는 모든 다이아몬드를 감정하고 또 가격을 결정하는 기관이다. 다이아몬드는 콩고민주공화국의 미래라고 해도 좋을 만큼 중요한 자원이기 때문에 정부의 엄격한 통제 하에서 유통되고 그 중심에 바로 중앙감정소가 있다. 유대인은 그가

다이아몬드 중개소이자 감정소

사자꼬리를 잡은 발칙한 생쥐이야기

구입한 다이아몬드를 그곳에 접수하고 발길을 돌렸다.

　며칠 후 유대인은 중앙감정소에서 발행하는 감정증명서를 받고 매우 기분이 좋았다. 생각보다 좋은 감정 결과가 나온 것이다. 유대인은 감정 가격의 3%를 세금으로 내기 위해 그 길로 은행으로 갔다. 그리고 감정증명서와 세금 납부 영수증 등 서류를 챙겨 광산부를 찾았다. 유대인은 가지고 간 서류를 광산부에 접수 시킨 다음 허가서를 받았다. 광산부의 허가서는 다이아몬드 수출을 허락하는 일종의 정부 보증서였다.

　광산부의 허가서까지 받은 유대인은 천천히 다이아몬드 중개소가 모여 있는 거리를 걸었다. 시원한 바람 한 줄기가 기분 좋게 목덜미를 스쳐 지나갔다.

콩고민주공화국의 다이아몬드 통제 정책

콩고민주공화국 정부는 다이아몬드의 채굴, 유통을 철저하게 통제한다. 국가 재정의 중요한 부분을 차지하기 때문이다. 광산 채굴권에서부터 유통까지 정부에서 철저히 관리하고 있다. 중앙감정소에서는 다이아몬드의 감정과 가격 결정 그리고 광산부에서는 광산 채굴과 수출을 관리하는 등 이원 체제로 되어 있다.

사자꼬리를 잡은 발칙한 생쥐이야기

다이아몬드에 미래를 걸다

킨샤샤 국제공항에 콩고민주공화국에서는 좀처럼 보기 힘든 한국인이 나타났다. 계속되는 내전으로 세계의 여행자들에게 여행 불가능 지역으로 알려져 있는 콩고민주공화국에서 한국인을 만난다는 것은 매우 놀라운 일이다. 그의 검게 탄 얼굴로 미루어 보아 선교사는 아닌 것 같았다. 게이트로 다가간 그는 공항 직원에게 탑승 서류를 내밀었다.

오성콩고 대표 권의소.

서류에는 그렇게 쓰여 있었다. 공항 직원은 그의 서류를 건성으로 들여다 본 후 흰 이를 드러내며 친밀감을 표시했다. 그는 게이트를 통과한 후에 우리나라의 마을버스와 분위기가 흡사한 치카파 행 비행기에 탑승했다.

의자 깊숙이 몸을 묻은 그는 눈을 감았다. 그의 머리 속에는 온통 다

이아몬드뿐이었다. 지난 2001년 그는 콩고민주공화국에서 다이아몬
드 채굴량 1위에 올랐었다. 콩고민주공화국에서 다이아몬드 하면 그
를 떠올릴 정도였다. 그 후 다이아몬드는 그의 인생을 바꾸어 놓았다.
다이아몬드에 그의 미래를 걸었다. 다이아몬드가 아니라면 이 위험한
나라에서 뿌리를 내리고 살 이유가 없었다.

1960년 벨기에로부터 독립한 이 나라는 지금까지 나라 이름이 모두
4번이나 바뀌었다. 독립 당시에는 콩고공화국, 1964년에는 콩고민주
공화국, 1971년에는 자이르 공화국 그리고 1997년에 다시 콩고민주
공화국으로 나라 이름을 고쳤다. 독립 이후 끊임없는 내란에 시달려온
콩고민주공화국은 정권이 바뀔 때마다 지도자는 정통성을 확립하기
위해 나라 이름과 심지어는 국기까지 바꾸었다.

내란은 지금도 진행 중이다. 현재 정권을 잡고 있는 로랑 카빌라는
앙골라, 짐바브웨, 나미비아, 수단, 차드 등 주변 아프리카 나라의 도
움을 받아 쿠데타를 일으켜 집권에
성공했다. 하지만 르완다와 부룬디
의 군사적 지원을 받는 반군의 세
력도 만만치 않아 정국은 한 치 앞
도 내다볼 수 없을 정도로 혼미하
다. 내란이 국제전의 성격을 띤 데

콩고의 수도 킨샤사 전경

사자꼬리를 잡은 발칙한 생쥐이야기

다가 그 위에 2백여 부족의 이해 관계가 난마처럼 얽혀 있어 이 나라의 내전이 언제 어떤 방식으로 끝날지는 아무도 몰랐다.

권의소 씨는 5년 전까지만 해도 이 위험한 나라에서 다이아몬드 광산을 개발하게 될 줄은 꿈에도 생각해본 적이 없었다. 그 전의 그는 세계 여러 나라를 돌아다니며 상품을 사고파는 평범한 무역상이었다.

1998년 어느 날 그는 콩고민주공화국 정부로부터 뜻밖의 제안을 받았다. 그 나라에 수출한 상품 대금 대신 다이아몬드 채굴권을 주겠다는 것이었다.

콩고민주공화국은 다이아몬드를 비롯한 구리, 코발트, 주석, 아연, 금, 망간 등 광산 자원이 매우 풍부한 나라다. 대부분 외국 자본에 의해 개발된 광산 자원은 대부분 수출을 하여 이 나라 경제의 근간을 이루고 있다. 특히 다이아몬드의 경우 공업용 다이아몬드 생산량은 한때 세계 제일을 자랑할 정도였다. 그러나 지루할 정도로 계속되는 내전에 위기감을 느낀 외국 자본의 철수가 줄을 이었고 곧 다이아몬드 산업은 황폐해졌다. 콩고민주공화국 정부는 다이아몬드 산업을 다시 활성화시키기 위해 외국 기업 유치에 적극 나섰다. 그런 배경에서 콩고민주공화국 정부가 그에게 그런 제안을 한 것이었다.

그는 직감적으로 자신에게 기회가 왔다는 것을 깨닫고 그 제안을 면밀히 검토했다. 그리고 다이아몬드가 콩고민주공화국을 경제적으로 부흥 시킬 수 있는 최고의 산업이라고 확신했다. 그는 끝없는 내전 그리고 부족 간의 갈등으로 정국이 혼란스러운 것이 마음에 걸렸지만 개의치 않았다. 다음 해 그는 한국에 가족을 남겨두고 콩고민주공화국에 정착했다. 다이아몬드에 모든 것을 건 제 2의 인생이 시작된 것이다.

사자꼬리를 잡은 발칙한 생쥐이야기

활기찬 밀림 생활

치카파 행 비행기는 어느덧 밀림 위를 날고 있었다. 그동안 보이지 않았던 여승무원이 나와 빵과 음료수를 서비스하기 시작했다. 그는 간단히 요기를 하고 애써 잠을 청했다.

비행기가 치카파 공항에 도착한 것은 저녁 무렵이다. 짐을 챙겨들고 공항 청사로 나오자 막심이 차를 대기하고 기다리고 있었다. 그는 함께 일을 한지 3년째인 현지인 막심의 능력과 정직성을 높이 평가하기 때문에 모든 것을 맡기는 편이다.

그는 막심과 함께 치카파 시내로 들어왔다. 밀림 안에 있는 다이아몬드 채굴 현장으로 가는 길목인 이곳 치카파에서 하루 밤을 보낼 생각이었다. 포장도 안 된 도로 양편에 즐비하게 늘어선 다이아몬드 거래소들은 이곳이 이 나라의 유명한 다이아몬드 산지임을 짐작케 한다.

치카파에서 다이아몬드 채굴현장으로 향하는 권의소 사장

이곳 거래소에서는 수도인 킨샤샤와는 달리 허가 절차 없이 다이아몬드를 거래할 수 있기 때문에 더욱 활기를 띠고 있다.

다음 날 새벽 그는 밀림 속에 있는 채굴 현장 까문멜레로 향했다. 비포장도로인데다 며칠동안 비가 내려 길은 엉망이었다. 그와 동행한 현지인 중 한 명이 자동차 지붕으로 올라가 앞서 간 자동차들이 만든 길로 안내했다. 자동차 바퀴가 물웅덩이에 빠지기라도 한다면 꼼짝없이 발이 묶인다. 가장 안전한 방법은 자동차 타이어 자국을 따라가는 것이다. 그러니까 차들이 다니면서 길을 만드는 셈이다.

드디어 벽처럼 막아섰던 밀림이 열리고 까문멜레의 캠프촌이 모습을 드러냈다. 이 캠프촌에는 그가 운영하는 '오성콩고' 이외에도 많은 외국 기업과 현지 기업이 캠프를 차리고 다이아몬드를 채굴한다. 다이아몬드의 채굴이 한창이라 멀리서 보아도 활기가 느껴졌다.

캠프촌 정문에서 보초를 서고 있는 경찰이 손을 들어 자동차를 세웠다. 그는 이미 낯이 익은 경찰에게 내무부에서 발행한 현장출입증을 내밀었다. 외국인은 현장출입증 없이는 캠프촌 안으로 한 발짝도 들여

사자꼬리를 잡은 발칙한 생쥐이야기

놓을 수가 없다. 경찰은 현장출입증을 흘깃 본 다음 그에게 돌려주며 통과해도 좋다는 신호를 보냈다.

캠프촌 안으로 들어선 자동차는 기세 좋게 달려 오성콩고 캠프에 도착했다. 현장 소장인 일룽가가 캠프에서 뛰어나와 그를 반갑게 맞았다. 그는 정부에서 이곳으로 파견한 감시관이었던 일룽가의 사람 됨됨이를 지켜보다 오성콩고로 스카웃했다. 오성콩고가 이만큼 성장한 것에는 그의 인맥과 전문성이 크게 기여를 했다.

그는 캠프 안으로 들어가 짐도 풀지 않고 오성콩고의 핵심 참모들과 내일부터 시작될 다이아몬드 채굴을 안건으로 회의를 시작했다. 그는 채굴에 필요한 장비와 인력을 꼼꼼하게 체크했다. 회의는 늦은 밤까지 계속되었다.

랑가침모강의 아침이 밝았다. 그는 수심을 전혀 가늠할 수 없을 정도로 탁한 빛을 띤 강물을 바라보고 있었다. 매일 맞는 아침이지만 다이아몬드만 생각하면 자신도 모르게 가슴이 뛰었다. 일확천금을 원해서가 아니다. 어느 때부터인가 다이아몬드가 자신이 찾아 헤매던 인생의 보석일지도 모른다는 생각 때문이었다.

오성콩고 직원들은 이미 강가에서 다이아몬드 채굴 작업 준비를 하고 있다. 그는 일룽가의 지휘 아래 일사분란하게 움직이는 오성콩고 직원과 일일이 아침 인사를 나누었다. 그리고 작업선과 잠수복 그리고 분리기 등 장비를 익숙한 솜씨로 점검했다.

드디어 오성콩고 직원들을 나누어 태운 배들이 강 속으로 미끄러져 들어갔다. 배가 강 위에 멈추자 장비를 완벽하게 갖춘 잠수부들이 보기에도 묵직한 호스를 안고 강 속으로 잠수했다. 그 호스는 강 속에 다이아몬드가 묻혀있는 층인 그라비에의 모래를 흡입하여 밖으로 배출하는 작업 도구다. 그라비에의 모래 속에 다이아몬드가 있기 때문이다.

그라비에를 얼마나 많이 찾아내는가가 다이아몬드의 채굴량과 직결된다. 그러므로 물 속으로 직접 들어가 그라비에를 찾는 잠수부들의 능력이 회사의 운명을 쥐고 있다 해도 과언이 아니다. 회사에 불만을 가진 잠수부들은 그라비에를 발견하고도 입을 다문다. 심지어는 자신이 찾은 그라비에의 정보를 다른 회사에 팔기까지 한다.

그래서 그는 최고의 잠수부를 채용하는 것을 원칙으로 삼았다. 그리고 잠수부들에게 다이아몬드 채굴량의 20%를 지급하는 파격적인 성과급을 주었다. 그런 이유로 콩고민주공화국 내에서도 상위권에 드는 오성콩고의 잠수부들은 몸을 아끼지 않고 열심히 일을 한다. 잠수부들에 대한 파격적인 인력 관리야말로 그가 콩고민주공화국에서 다이아몬드 산업의 정상에 오르는 원동력이 되었다.

그라비에 층은 모래에 덮여 있기 때문에 잠수부들은 우선 그 모래를 걷어내는 작업을 먼저 해야 한다. 모래가 많이 덮여있는 층일수록 다이아몬드가 많기 때문에 잠수부들은 그라비에 층을 찾기 전에 먼저 강바닥의 모래 두께부터 살핀다.

그라비에 모래를 담아 옮기는 오성콩고 직원들

잠시 후 강 속으로 들어간 잠수부들로부터 다이아몬드가 숨어있는 지층인 그라비에를 찾아냈다는 신호가 왔다. 일룽가가 신호를 보내자 오성콩고의 작은 배들이 몰려왔다. 곧이어 잠수부가 강 속으로 가지고 들어간 호스를 통해 강물과 여러 가지 이물질이 뒤섞인 그라비에 층의 모래가 뿜어져 나오기 시작했다. 오성콩고 직원들은 저마다 호스에서 뿜어져 나오는 그라비에의 모래를 커다란 자루에 다투어 받았다.

그런 다음 오성콩고 직원들은 능숙한 솜씨로 자루에 담긴 모래를 분리기에 넣었다. 일룽가가 분리기의 모터를 작동시켰다. 분리기는 크기가 다른 세 개의 칸으로 만들어져 있는 간단한 기계다. 첫 번째 칸은 구멍이 가장 큰 칸으로 이곳에서는 1캐럿 이상의 다이아몬드가 나온다. 이런 행운은 좀처럼 만나기 힘들기 때문에 대개 두 번째나 세 번째 칸에서 작은 다이아몬드가 나오기 마련이다. 분리기가 작동이 되면서 직원들의 손길이 바빠지기 시작했다. 직원들은 잠수부의 호스를 통해 나온 그라비에의 모래들이 분리기에서 크기 별로 된 세 군데 칸에서 나오자 자루에 담느라 분주했다.

끈기와 노력만이 성공의 지름길

강에서 호스로 흡입한 그라비에 모래가 준비된 자루에 담기자 강으로 나갔던 오성콩고의 배들은 그것들을 싣고 뭍으로 철수했다. 배가 강변에 닿자 직원들은 저마다 그 자루들을 어깨에 메고 오성콩고 캠프로 옮겼다. 캠프에는 그라비에 모래에서 다이아몬드를 찾아내는 현지인 직원들 그리고 그 모래에서 찾아낸 다이아몬드 채굴량을 확인할 오성콩고 간부들과 채굴 현장을 감시할 정부에서 파견된 관리가 이미 대기하고 있었다.

드디어 강에서 채집한 그라비에 모래 속에서 다이아몬드를 찾아내는 작업이 시작되었다. 그 작업은 아직도 직원들이 일일이 손으로 찾아내는 수작업으로 진행된다. 커다란 채에 그라비에의 모래를 담아 흔들다가 다이아몬드가 눈에 띄면 골라내는 작업이다. 전문가가 아니라

사자꼬리를 잡은 발칙한 **생쥐이야기**

면 그라비에의 모래 속에 섞인 작
은 자갈과 다이아몬드를 구별하기
어렵지만 현지인 직원들은 예리한
눈썰미로 단숨에 다이아몬드를 찾
아낸다. 다이아몬드가 발견될 때마
다 터지는 가벼운 웃음과 탄성은
힘들고 고된 하루의 피로를 씻기에
충분했다.

그라비에 모래에서 다이아몬드를 채굴하는 작업

　그라비에에서 다이아몬드를 채굴하는 작업이 드디어 끝나고 마지막
절차만이 남았다. 정부에서 파견된 감시관의 입회 하에 오성콩고 직원
들은 다이아몬드의 무게와 개수를 일일이 장부에 기록했다. 감시관과
함께 장부에 사인을 하는 권의소 씨의 얼굴이 밝아 보였다. 다이아몬
드 채굴량에 만족한 표정이다.

　사인이 끝나자 그는 다이아몬드를 들고 감시관과 나란히 금고로 다
가갔다. 그런 다음 그와 감시관이 각각 열쇠를 꺼내 금고를 열었다. 이
곳 까문멜레의 캠프에 있는 다이아몬드 채굴회사는 감시관과 회사 직
원이 각각 다른 열쇠를 갖고 있어 금고를 열고 닫을 때는 반드시 함께
동석하는 것이 법으로 규정되어 있다. 그 법은 현지인 회사든 외국인
회사든 모두에게 적용되었다. 그는 다이아몬드를 금고 안에 넣고 감시
관과 함께 금고를 닫았다. 어느새 랑가침모강에 아름다운 노을이 지고

있다.

그러나 하루 일과가 끝난 것은 아니다. 또 다른 업무가 남아 있었다. 그는 일룽가와 막심 그리고 감시관을 대동하고 캠프에서 나와 다이아몬드 난전 시장으로 발길을 옮겼다. 밤이 깊었지만 다이아몬드 시장은 도시의 거리 못지않게 활기가 넘친다.

이곳에서 다이아몬드를 파는 사람들은 대부분 랑가침모강 근처 마을에 사는 사람들이다. 그들은 선조 때부터 내려오는 원시적인 방법으로 다이아몬드를 채굴한다. 보기에도 아슬아슬해 보이는 작은 나무배를 타고 강으로 나와 보라스라고 하는 작은 깔대기를 들고 아무 장비 없이 강 속으로 잠수한다. 그들은 잠수 장비가 없기 때문에 그라비에까지는 도달하지 못하고 그 위를 덮고 있는 모래만을 보라스에 담아 물 밖으로 나온 후 그 모래를 채에 걸러 다이아몬드를 하나둘 찾아낸다.

다이아몬드 채굴을 철저하게 통제하는 정부도 마을 주민들의 이런 불법 채굴을 눈 감아 준다. 마을 주민들은 선조 때부터 랑가침모강에서 다이아몬드를 채굴했을 뿐 아니라 다이아몬드가 그들의 주 수입원이기 때문이다. 작은 다이아몬드 하나의 가격은 10달러에서 30달러 정도. 그 돈이면 한 가족이 며칠을 견딜 수 있는 돈이다.

그는 한 밤중에 열리는 까문멜레 캠프의 다이아몬드 시장을 돌아다니며 신중하게 다이아몬드를 골랐다. 물론 여기에서 구입한 다이아몬드도 감시관의 입회 하에 금고 속에 보관될 것이다.

　권의소 씨가 하루를 접고 자리에 누우면 시간은 자정을 훌쩍 넘기기 일쑤다. 처음 다이아몬드 사업에 뛰어들었을 때에는 많은 환상을 가졌다. 일확천금을 꿈꾼 것도 사실이다. 하지만 다이아몬드를 대할수록 이것만큼 정직한 것도 없다는 생각을 했다. 모든 일이 그러하듯 노력과 끈기만이 성공으로 가는 지름길이라는 것을 깨달았다. 그런 생각이 들자 다이아몬드는 비로소 그에게 진정한 보석이 되었다.

다이아몬드

다이아몬드는 그 이름만으로도 경이와 흥분을 일으킨다. 다이아몬드는 지구 깊숙한 곳에 몸을 숨기고 있다가 화산 활동에 의해 지표면에 모습을 드러내는 순수한 탄소의 투명한 결정체이다. 다이아몬드는 현재까지 알려진 바로는 지구상에서 가장 단단한 물질이다. 그 나이는 지구 역사의 3분의 2에 해당하는 30억 년으로 추정된다.

예로부터 다이아몬드는 '보석의 왕'으로 칭송되어 왔으며 '사랑의 징표'로도 알려져 있다. 다이아몬드의 이름은 절대로 정복할 수 없다는 뜻을 지닌 그리스어 아다마스(adamas)에서 유래되었다. 고대 그리스인들은 다이아몬드를 하늘에서 떨어진 별 조각 혹은 시의 눈물이라고 불렀다.

다이아몬드를 최초로 사용한 사람은 기원 전 7세기의 고대 인도의 드라비다족이었다. 로마 시대에는 일부 귀족만이 지닐 수 있는 귀중한 보석이었으며 중세 유럽에서는 매우 특별한 호신부로 사용하였다. 그러나 그때까지만 하더라도 다이아몬드는 불에 타지도 않고 깨지지도 않는 신비한 돌로만 여겼다. 그러던 것이 17세기 말 베네치아의 페르지에가 브릴리언트 커트의 방식으로 다이아몬드를 연마하는 방법을 발명하면서 보석으로의 진가를 발휘하기에 이르렀다.

· 권의소가 성공한 이유

/ 위험한 나라에서 사업을 할 정도의 모험 정신
과 개척 정신
/ 콩고민주공화국에서의 다이아몬드 사업의
틈새시장 발견
/ 유능한 현지인 채용
/ 밤낮을 가리지 않고 일하는 노력과 끈기

· 콩고민주공화국의 또 다른 틈새시장

콩고민주공화국은 농업 자원과 광산 자원이 풍
부하다. 다이아몬드 같은 광산업 외에 고무, 커
피, 코코아의 품질 또한 세계적으로 알려져 있
다. 주요 수출입 대상국이 미국, 벨기에, 이탈
리아, 독일, 프랑스 등이므로 품질 관리만 잘하
면 판로 개척은 유망한 편이다. 특히 커피는 이
나라의 주요 수출품이다.

김 도 삼

'삼한 캄보디아' 사장

의 류 제 조 업

'연간 수출액 4천만 불! 현지화로 이룬 성공'

캄보디아

동남아시아 중부 인도차이나반도 남동부에 있는 나라. 정식 명칭은 캄보디아왕국(Preah Reach Ana Pak Kampuchea). 면적 18만 1040㎢, 인구 약 1,341만 명(2002). 북동부는 라오스, 동부와 남동부는 베트남, 북서부와 서부는 타이에 접하고, 남서부는 시암만에 닿는다. 수도는 프놈펜.

1세기 경 푸난 왕국에서 시작된 캄보디아는 9세기 초에서 16세기까지 이어진 크메르 제국에서 현재의 캄보디아는 물론 태국과 베트남 라오스 미얀마 영토를 통합한 인도차이나의 거대한 왕국을 건설했었다. 그러나 16세기 타이의 침략을 받아 무너진 뒤 최근까지 태국과 프랑스, 베트남의 계속되는 지배를 받아왔다.

1953년 독립된 후에는 내전에 시달리다가 군사독재자 훈센이 등장, 400여 년 만에 처음으로 독립국가로서 정치적, 군사적 안정을 이룸은 물론 이를 바탕으로 한 개방 정책으로 급속한 경제 성장을 추진하고 있다. 현재 캄보디아 왕국은 연간 1인 당 국민소득 300달러 정도의 최빈국이며 그나마 경제 재정 운영을 국제사회의 원조에 크게 의존하고 있는 실정이다. 그러나 캄보디아의 풍부한 부존자원을 살펴보면 상당한 잠재력을 지니고 있음을 알 수 있다. 인도차이나의 젖줄인 메콩 강 유역에는 비옥한 농지가 끝없이 펼쳐져 있으며, 불법 벌채로 인한 환경 훼손은 크나 아직도 서부 지역의 울창한 삼림은 목재 자원의 보고이다. 메콩 강과 바다를 이용한 수산업의 성장 가능성도 눈여겨 볼만하다. 또한 캄보디아 정부는 외국자본 유치를 위해 혼신의 노력을 기울이고 있다. 1995년 외국인 투자법을 제정했으며 투자청을 설치해 외국인 투자 절차를 대행하면서 투자 유치에 열의를 보이고 있다.

프놈펜에는 크메르인(人)·프랑스인(人)·중국인(人)·베트남인(人) 등이 많이 살며 국제도시의 면모를 갖추었다. 앙코르와트의 유적이 있는 크메르 민족의 왕조는 현재의 시엠레아프 지역에 있었는데 15세기에 서쪽 이웃인 타이의 공격을 피하여 처음으로 프놈펜에 왕도를 정했다.

화폐단위 : 크메르 리엘(KR)
1인당 GDP : 275불(2003년)

열악한 경제 환경을 기회로

세계에서 가장 가난한 나라 중 하나로 손꼽히는 캄보디아. 1,300만 명이 넘는 인구 중 36%가 하루 생활비 1달러에도 미치지 못하는 절대 빈곤층이다. 때문에 절대 다수의 국민들에게 가장 절실한 것은 일자리다. 그러나 가난한 나라 사정 때문에 일자리 또한 많지 않은 현실. 그래서 이 나라 경제는 경제라는 말이 무색할 정도로 열악하기 짝이 없다. 무엇보다 가장 큰 문제점은 앙코르와트와 섬유 산업을 빼면 남는 것이 없다고 할 만큼 관광 분야와 섬유 산업에 대한 지나친 의존이다. 문제점은 또 다른 기회를 제공한다 했던가. 이 기회의 틈새시장

인도차이나 반도에 위치한 캄보디아 수도 프놈펜

캄보디아의 치즈, 의류 제조업 _ 김도삼

에 한국인이 노크를 했다.

성수기와 비수기의 차이가 있긴 하지만 평균 근로자 수 10,000명이 넘는 '삼한 캄보디아'.

수도 프놈펜에 있는 이 나라 최대의 봉제 회사다. 캄보디아는 국가 수출 전체 물량 중 섬유 산업의 비중이 90%를 웃돈다. 때문에 삼한 캄보디아의 두드러진 존재는 새삼 설명이 필요치 않을 정도다. 44,000 평방미터의 부지에 지어진 대규모 공장. 지난 1995년에 공사를 시작해 1996년 5월부터 가동을 시작했다. 투자 금액은 우리 돈 약 62억 원. 공장 부지를 고를 때 캄보디아 훈센 총리는 전용 헬리콥터를 빌려줄 정도로 투자 유치에 적극적이었다.

공장이 들어서기 전, 삼한 캄보디아 부지는 늪지대였다. 도무지 가벼운 집 하나 들어설 것 같지 않은 곳. 그곳을 엄청난 양의 흙을 날라 1.6미터 높이의 땅을 만들고 공장을 세웠다. 한국인의 저력. 한국인만이 할 수 있는 많은 일들 중 하나가 캄보디아 땅에 우뚝 솟았다. 그리고 9년이 흘렀다.

사자꼬리를 잡은 발칙한 생쥐이야기

철저한 '현지화'가 성공의 디딤돌

　　삼한 캄보디아의 경영 방침은 '현지화'라는 단어로 요약된다. 간단히 말해 생산에 필요한 기술을 전수해 준 다음 이 나라 사람들로 하여금 회사를 끌고 나가게 하는 것이다. 그 결과 현재 생산에 관여하는 한국 사람은 사장인 김도삼(65) 씨와 공장장 단 둘 뿐이다.

　　공장은 크게 편직 파트와 조립 파트로 나뉜다. 편직 파트에서는 스웨터의 부분들을 짜내고 조립 파트에서는 부분들을 이어 완성된 스웨터를 만들어 낸다. 스웨터를 짜는 기계를 편직기라고 하는데 너비 36미터, 길이 136미터에 이른다. 이 공장 안에만 1,500대의 편직기가

세계 최대 단일 의류제조공장 '삼한 캄보디아'

배치되어 있다. 편직기 가동을 위해 동원되는 인원은 주야간 합해 3,000명. 이보다는 작지만 다섯 동의 편직 공장이 더 있고 모두 합해 하루 평균 25,000장의 스웨터를 짜낸다. 스웨터라는 단일 품목 생산 공장으로 세계 최대 규모다.

김도삼 사장은 공장을 세울 때 사람 냄새 진득한 곳을 만들기 위해 노력했다. 때문에 그는 책상에 앉아 있는 시간이 거의 없다. 늘 현장 근로자들과 시간을 보내기 때문이다. 현지화에 제일 중요한 요소는 현지인과 얼굴을 마주하는 것. 서로의 눈을 바라보며 자잘한 정을 나누는 것이다. 말이 통하지 않을 땐 따뜻한 웃음만으로 모든 대화가 이루어지기도 한다. 이것이 정이고 정은 곧 서로의 마음을 주고받는 가장 진한 표현이 된다.

현지화의 성패는 근로자들의 마음을 잡는데 달려 있다. 근로자들에게 '내 회사', '내 공장' 으로 느끼게 하기 위해 김도삼 사장은 늘 근로자들 곁으로 다가가 말을 걸고 몸짓으로 대화를 나눈다. 작업장에 그가 나타났을 때의 특기는 아무나 덥석 손목을 잡아끄는 것. 그리고는 노래를 부르라고 한다.

"노래 한 번 해봐! 신나는 노래."

현장 근로자와 흉허물없이 지내는 김도삼 사장

사자꼬리를 잡은 발칙한 생쥐이야기

기계 소음을 반주 삼아 예쁜 캄보디아 아가씨의 노래가 울려 퍼진다. 그러면 작업장은 잠시 신명나는 노래와 춤으로 어우러진다. 말이 다르고 생김새도 다르지만 신명은 하나다. 한국인과 캄보디아인이라는 구분, 경영자와 근로자라는 차이, 그런 경계를 허물고 근로자들과 하나가 되려는 마음을 김도삼 사장은 몸짓으로 보여주고 있다. 감기가 걸린 근로자에겐 다가가 심하지 않은지 묻고 안색이 좋지 않은 근로자에겐 다가가 몸이 좋지 않느냐고 물어본다. 세심하고 꼼꼼하게 작업장을 돌아보는 김도삼 사장.

"오랫동안 같이 지내다 보니 캄보디아 사람이라는 생각을 안 합니다. 똑같이 한국 사람이다, 아니면 제가 캄보디아 사람이다 이렇게 생각해요. 때문에 근로자들과 아들이다 딸이다 하면서 장난도 하고 때로는 야단도 치고 때로는 등도 긁어주고. 애들이 등 긁고 싶다고 이렇게 등 긁으면 지나가다 밖에서 손으로 긁어주기도 합니다."

가려운 곳을 긁어주는 것. 이것이야말로 사람과 사람이 가까워지는 가장 큰 의미가 아닐까. 이런 의미로 '삼한 캄보디아'에서는 직원들의 가려운 곳을 긁어주는 여러 가지 아이디어를 짜고 또 실천하고 있다. 가장 큰 행사는 1년에 두 번씩 있는 직원 야유회. 캄보디아에

현지화의 첫 작업은 현지인과 직접 얼굴을 마주하는 것이다

캄보디아의 치즈, 의류 제조업 _ 김도삼

는 야유회라는 개념이 없기 때문에 사회적으로 큰 화제가 되는 행사다. 재작년에는 근로자와 근로자 가족 2만 명이 참가한 가운데 '미스 삼한 선발대회'를 겸한 노래 자랑을 열어 큰 호응을 얻었다. 뿐만 아니다. 연말에 열어주는 공장 전체 직원 회식은 직원들이 가장 손꼽아 기다리는 일 중의 하나다. 그리고 많은 근로자들이 이 회사에서 일하면서 가장 기억에 남는 일 하나를 꼽으라면 다름 아닌 명절 때. 회사에서 집에 갈 수 있게 휴가를 주고, 보너스까지 주기 때문이다.

캄보디아 현지에서 삼한이 남다르게 하고 있는 일 중의 하나가 눈에 띈다. 그것은 장애 근로자 고용.

삼한에서 일하는 장애자들은 비 장애자들과 구분 없이 함께 앉아 일을 하고 있다. 근무 조건과 급여 면에서도 차별이 없다. 비 장애자와 똑같은 조건에서 일한다. 현재 삼한에서 근무하고 있는 장애 근로자는 모두 41명. 5년 전부터 삼한은 매년 10명이 넘는 장애자를 채용하기로 방침을 정했고, 그 방침은 지금까지 흔들림 없이 실천되고 있다. 삼한이 보여주는 작은 사랑의 실천이다. 캄보디아에서 장애자들이 일할 수 있는 봉제공장은 삼한뿐이기 때문이다.

삼한은 또 직원 및 근로자들을 상대로 한국어 교육도 시키고 있다. 현지화 성공의 전제 조건 가운데 가장 큰 요소가 원활한 의사 소통이다. 그래서 삼한 캄보디아에서는 근로자 10명을 선발해 6개월 과정으

사자꼬리를 잡은 발칙한 생쥐이야기

로 일과 후 한국어 교육을 실시하고 있다. 교육비는 모두 회사가 부담한다. 한국어 교육을 받는 이들은 삼한의 중간 간부로 성장해 갈 것이다. 이들이 열심히 한국어 교육을 받는 것은 무엇보다 취업이나 승진에 유리하기 때문이다. 그만큼 한국에서 투자를 많이 하고 있다는 증거다. 더불어 단일 종목 생산으로 세계 최대 규모를 자랑하는 삼한에서 성장하기 위해서는 한국어가 필수적이기 때문이다.

수출액 5,000만 불을 향하여

올해 예순 다섯 살의 김도삼 사장. 그의 일과는 새벽 5시부터 시작
된다. 새벽 한두 시까지 강행군하는 벅찬 일과를 감당하기 위해 그는
제일 먼저 체력 단련에 나선다. 운동을 하면서는 위성으로 연결되는
한국 TV 방송을 켜두곤 한다. 한국 사정에 어두워지지 않기 위해서
다. 운동은 공장 한 쪽에 자리한 그의 숙소에서 한다. 그의 숙소는 나
이가 무색할 만큼 깔끔하다. 모든 사물이 한 점 흐트러짐 없이 각이 잡
혀 있다. 방 한 쪽엔 그의 지난 날을 짐작케 하는 사진들이 걸려 있다.

김도삼 사장은 베트남 전에 참전했던 '귀신 잡는 해병' 출신이다.
또한 수영대회에서 우승하고 사격 대표 선수를 지낼 만큼 만능 스포츠
맨이기도 했다. 1987년 중령으로 21년에 걸친 군대 생활을 마친 그는
삼한화섬에 입사해 봉제 일을 배웠다. 군대 동기이자 친구인 이무수

사자꼬리를 잡은 발칙한 생쥐이야기

삼한 캄보디아 회장과의 인연 때문이었다. 그 인연이 오늘의 삼한 캄보디아를 있게 했다.

캄보디아에는 '삼한 로드'가 있다. 이미 사람들에게도 널리 알려진 '삼한 길'이다. 이 길은 삼한 캄보디아 공장으로 향하는 길이다. 캄보디아 정부에서 자국의 경제 발전에 이바지한 삼한의 업적을 인정해 붙여준 이름이다. 이 길의 아침 풍경이 장관이다. 근로자들을 상대로 하나 둘 생겨난 노점들이 즐비하게 늘어서 있고 출근길의 근로자들이 붐빈다.

삼한의 출근 시간은 맡고 있는 일에 따라 다섯 시 반과 일곱 시로 나뉘어 있다. 급여가 실적에 따라 지급되기 때문에 스웨터를 한 장이라도 더 짜기 위해 정해진 출근 시간 이전에 서둘러 출근하는 근로자도 많다. 이들 근로자들이 아침을 해결하는 곳이 바로 이 삼한 길의 노점이다. 더러는 점심 시간에 먹을 요깃거리를 미리 준비하기도 한다. 이렇게 붐비는 삼한 길을 지나 공장의 정문에 다다르면 근로자들은 어김없이 김도삼 사장을 만난다. 그는 매일 아침 정문에 나와 가벼운 인사로 근로자들을 맞는다. 오늘 하루도 함께 잘해 보자는 뜻이다. 근로자들 역시 단 하루도 빠지지 않고 자신들을 반기는 사장에게 고개를 숙인다. 이렇게 삼한 캄보디아의 하루는 시작된다.

근로자들이 출근을 완료하자 김도삼 사장은 서둘러 회의실로 간다.

물 축제 기간 중 근무에 대해 회의를 하고 있는 김도삼 사장

회의실엔 캄보디아인 중간 간부들이 모여 있다. 회의는 김도삼 사장의 한국말을 캄보디아인 비서가 통역하는 방식으로 진행된다. 물론 간부들의 말은 한국어로 다시 통역된다. 오늘의 안건은 캄보디아 명절의 하나이자 최고의 행사인 '물 축제' 기간의 근무에 대해서다.

캄보디아는 물의 나라다. 메콩 삼각주를 중심으로 해상 교역국으로 번영한 역사에서, 앙코르와트 문화에서 보이는 거대한 수로들에서 물이 이 나라의 역사에 얼마나 지배적이었나를 알 수 있다. 때문에 물 축제 기간에는 캄보디아 인구의 20%가 축제 구경을 위해 프놈펜으로 온다. 학교나 직장은 대개 일주일 간의 휴가에 들어간다. 이 기간 중, 삼한의 근로자들에게 휴가를 주는 것은 당연한 일인지도 모른다. 그래서 김도삼 사장은 적절한 조치를 취한다. 캄보디아어와 영어가 절묘하게 뒤섞인 그의 말에 모두가 알아들은 눈치다. 회의는 박수로 끝난다.

캄보디아의 섬유 분야 공장은 현재 192개. 이 중 한국 기업은 16개다. 중국계가 절대 다수를 차지하지만 규모나 실적 면에서 삼한 캄보디아를 능가하는 회사는 없다. 삼한은 1년에 780만 장의 스웨터를 생

사자꼬리를 잡은 발칙한 생쥐이야기

산해 전량 주문자 상표 부착 방식
으로 수출한다. 생산량의 80%가
미국, 나머지는 유럽으로 수출된
다. 캄보디아의 지난해 수출액은
14억 700만 달러. 삼한 캄보디아
는 지난해 4,000만 달러를 수출했
다. 캄보디아 전체 수출액의 3%에

수출 공로를 인정받은 산업훈장 수여식

해당한다. 대단한 실적이 아닐 수 없다. 그러나 이 실적에 머물지 않고
올해는 5,000만 달러의 수출 목표를 설정했다.

삼한의 김도삼 사장은 이 엄청난 수출에 기여한 공로로 캄보디아에
서 금탑산업훈장을 받았다. 지금까지 캄보디아에서 외국 기업이 금탑
산업훈장을 받은 것은 삼한이 유일하다. 굳이 이 훈장이 아니라 해도
삼한은 캄보디아에서 성공한 대표적 기업이 되었다. 이런 성공 앞에
김도삼 사장은 어떤 생각을 가지고 있는 것일까. 그는 성공이라는 말
보다 발전이라는 말이 더 좋단다.

"성공이라고 하면 어느 정도 종료된 듯한 그런 생각이 들어요. 그래
서 나는 성공이라기보다 발전이라는 말을 하고 싶어요. 말하자면
1995년부터 시작해서 2003년까지 매 해마다 한 단계 한 단계 증축하
고 발전하고 했으니까 미래를 향해 발전하는 기업이다, 난 그렇게 평
하고 또 말하고 싶어요."

캄보디아의 치즈, 의류 제조업 _ 김도삼

　성공이라는 수식어보다 발전이라는 진취성을 선택하는 김도삼 사장. 그의 말에는 앞으로도 계속 발전할 것이라는 의지가 숨어 있다. 철저한 현지화를 통한 남다른 노력의 열매는 김도삼 사장에게 성공이 아니라 지속적인 발전, 바로 그것이었다.

사자꼬리를 잡은 발칙한 생쥐이야기

자랑스런 얼굴, 그리고 물 축제

캄보디아의 물 축제는 해마다 건기가 시작되는 11월 보름날 기준 전후 사흘 간 왕궁 앞을 흐르는 메콩 강에서 거행된다. 이번 물 축제는 시아누크 왕의 생일에 치러졌다. 그리고 50돌을 맞는 캄보디아 독립 기념일과 맞물려 축제는 여느 때보다 더욱 성대했다. 이 날의 물 축제를 구경하기 위해 전국에서 사람들이 몰려든다. 때문에 왕궁 앞은 인파로 가득했다. 어림잡아 약 100만 명. 몰려든 인파만 봐도 물 축제가 이 나라에서 차지하는 비중이 얼마나 크고 중요한지를 알 수 있다.

물 축제는 배들의 경주로 시작된다. 캄보디아 정부의 각 부문과 전국 각 성을 대표해 참가한 376척의 배가 2척 씩 짝을 지어 사흘 동안 경주를 벌인다. 여기 참가하는 선수만 2만 3,500명이 넘는다. 배 한 척에 타는 노잡이들의 숫자만 평균 잡아 60명이 넘는다. 인도차이나

반도의 젖줄인 메콩 강을 화려하게 수놓고 있는 배들은 용의 모습을 닮았다고 해서, 용선 또는 용주로 불린다. 이 행사는 16세기부터 시작된 것으로 추정되는 일종의 감사제다. 땅과 물을 내려주신 신에게 감사 제물을 드리는 축제인 셈이다.

이 축제는 특별한 형식을 띤 개막식과 폐막식이 없다. 왕의 등장이 개막이고 퇴장이 폐막이다. 축제에 몰려든 인파는 대부분 축제보다 먼저 국왕을 보기 위해 시선을 모은다. 행사장의 본부석에 캄보디아 최고 실권자인 훈센 총리가 등장했다. 뒤이어 81살 고령의 시아누크 왕이 퍼레이드용 차를 타고 등장했다. 국민들을 향해 손을 흔들며 등장한 시아누크 왕의 근접 경호인들이 눈에 띈다. 한 눈에 봐도 한국 사람들 같다. 하지만 이들은 북한에서 파견된 사람들이다. 시아누크 왕은 왕좌에서 물러난 뒤 북한에서 여생을 보내고 싶다고 말할 만큼 친북한파로 유명하다. 근접 경호인들이 북한에서 파견된 것만 봐도 그의 의지가 어느 정도인지 짐작이 간다.

물 축제 본부의 귀빈석
김도삼 사장을 비롯한 한국인 세 사람

사자꼬리를 잡은 발칙한 생쥐이야기

축제가 시작되었다. 본부석의 귀빈석에는 세 사람의 한국인이 나란히 앉아 있다. 모두 60대 이상으로 교민 사회에서 '원로 삼총사' 로 불릴 만큼 친밀한 사이다. 이 자리에 삼한의 김도삼 사장이 앉아 있다. 두 척의 배가 결승점을 통과하자

태극기와 캄보디아기를 달고 물 축제에 참가한 배

시아누크 왕과 왕비가 일어서서 선수들을 향해 격려의 손짓을 보낸다. 경기의 열기가 무르익는 도중에 눈에 확 뜨이는 배 한 척이 나타났다. 태극기와 캄보디아 기를 나란히 치켜든 배. 한국 대사관과 교민 사회의 후원으로 물 축제에 참가한 배다. 가까이 보니 아쉽게도 태극기 위아래가 뒤집혀 있다. 어쨌든 그들로서는 한국에 대한 감사의 표시일 터. 뜻밖에 태극기를 만난 '원로 삼총사' 는 태극기와 선수들을 향해 힘찬 성원의 박수를 보낸다. 나부끼는 태극기를 바라보며 북한에서 파견된 경호원들은 무슨 생각을 하였을까. 달빛 아래 메콩 강은 말없이 흘러가고.

물 축제에서 보듯 캄보디아에서 한국은 매우 우호적인 국가로 인정되고 있다. 특히 캄보디아 경제의 큰 축을 지탱하고 있는 삼한 캄보디아 김도삼 사장의 위치는 새삼 말로 표현하지 않아도 될 것 같다. 그는

캄보디아의 치즈, 의류 제조업 김도삼

단순히 봉제업을 이끌고 있는 회사의 사장이 아니라 캄보디아의 자랑
스러운 한국인의 얼굴, 바로 그것이기 때문이다.

사자꼬리를 잡은 발칙한 생쥐이야기

외로움을 딛고 더불어 사는 것

　　김도삼 사장이 사무실에 앉아 있는 시간은 그다지 길지 않다. 자질구레한 숫자와의 싸움은 질색이지만 회사를 운영하는 한, 어쩔 수 없이 처리해야 할 일들이 많다. 직원은 1만 명이 넘지만 한국인은 김 사장을 포함해 단 네 명뿐이므로 외로운 결정을 해야 할 때가 많다. 사무실에서 업무 처리를 끝낸 김도삼 사장이 책상 위를 말끔히 정리한다. 모든 사물의 각과 선이 딱 맞아 떨어진다. 그것이 맞지 않으면 안될 만큼 무서운 습관을 그는 지금까지 가지고 있다. 의자까지 밀어 넣은 그의 발걸음은 현장으로 향한다. 떠들썩한 어울림을 경험할 수 있는

김도삼 사장은 현장 근로자들과 함께 할 때 가장 행복하단다

캄보디아의 치즈, 의류 제조업 _ 김도삼

현장이 그에게는 오히려 휴식처처럼 느껴진다.

그가 현장으로 간 사이 사무실을 살짝 엿본다. 캄보디아인들이 함께 근무하는 사무실에는 캄보디아 국기와 태극기가 나란히 걸려 있다. 회사 초창기에 무더운 날씨와 언어 소통 문제 못지않게 한국인 직원들을 괴롭힌 것은 문화나 관습의 차이에서 오는 단절감이었다. 이 단절감을 김도삼 사장과 함께 일하는 김남균 씨는 몇 번의 시행 착오 끝에 해결책을 찾을 수가 있었다고 한다.

"잦은 미팅과 잦은 대화만이 모든 문제를 해결할 수 있습니다. 문화가 많이 달라서 저희가 화를 내게 되면, 이 친구들은 이해를 못합니다. 자기네들이 잘못한 것은 인정하겠지만 화는 왜 내, 이런 식으로 받아들이기 때문에 이해를 못하는 거죠. 그렇기 때문에 자주 얼굴을 맞대고 앉아 대화로 문제를 해결해 나가죠."

캄보디아인들을 이해하기 위한 한국인들의 노력이 눈물겹다. 마찬가지로 캄보디아인들도 한국인을 이해하기 위해 노력하고 있는 흔적들이 곳곳에서 발견된다. 의사 소통의 원활함을 위해 한국어로 글씨를 써서 보여주기도 하고 틈틈이 한국 책을 들여다보기도 한다. 이렇게 상호 간의 노력이 있었기에 오늘의 삼한 캄보디아가 존재하는 것이다.

김도삼 사장이 생산 현장에서 돌아왔다. 사무실에는 물 축제에 함께 참석했던 원로 삼총사 중 한 사람인 백남혁 씨가 그를 기다리고 있다.

사자꼬리를 잡은 발칙한 생쥐이야기

캄보디아 한인협회 회장이기도 한 백남혁 씨는 큰 고민거리가 생겨 김도삼 사장을 찾아왔다. 백남혁 씨는 프랑스에 있는 딸이 난치병에 걸려 긴 한숨과 함께 낙담에 빠져 있었다. 김도삼 사장은 그의 말을 들으며 진심어린 충고를 아끼지 않는다.

"우환 없는 집안이 어딨어? 다 우환은 있기 마련이야. 다 받아들여야지 어떡하겠어. 가족은 가족대로 환자하고 고생하는데 당신은 여기서 사업이라도 열심히 해서 돈 벌어야지. 앞으로 돈 들어갈 일이 좀 많겠어? 같이 흔들려 버리면 죽도 밥도 안돼."

"전 첨 당해보는 일이니까 당혹스럽기도 하고…. 근데 또 문제는 제가 아까도 말씀드렸듯이 이 병이 조금이라도 치료의 징후가 보이면 제가 됐다, 이제 뭐든 노력만 하면 된다 하겠는데…."

"왜 그렇게 이야기를 해! 가능하다! 될 것이다! 가능하면 그런 마음을 갖고 노력해야지. 불치가 아니다 언젠가는 고칠 수 있다 그런 생각을 가지고 정신을 차려야지 안 될 것이다 그런 생각을 갖고 포기하면 안돼."

백남혁 씨는 깊은 슬픔과 시름에 빠져 좀체 회복할 기미를 보이지 않는다. 그런 모습을 바라보고 있는 김도삼 사장의 마음도 아프다. 어쩌면 동병상련일까. 김도삼 사장은 혼자 간직하고 있는 아픈 상처를 조심스레 드러내 보인다.

"나한테 아들이 둘이고, 딸이 하나잖아요? 이거 처음으로 공개하는 건데…. 그동안 어떤 일이 있어도 입 닫고 있었는데…. 내가 해병대 대위로 근무할 때 첫 딸 말고, 첫 아들이 태어났는데, 이 녀석이 잘 커요. 그런데 돌이 지나도 일어서지를 못하는 거야. 앉기만 하고. 어디가 이상이 있나 알아보니 정박아에다가, 말도 못하고, 걷지도 못하고, 지체부자유에…. 그때 내가 얼마나 당황을 했겠습니까? 그래서 집사람하고 나하고 그 애를 데리고 온 곳을 다 헤맸어요. 어떡하든 조금이라도 상태를 호전시켜야지 하는 마음으로…."

20년 넘게 무골로 살아온 김도삼 사장의 눈가에 이슬이 맺힌다. 두 사람은 손을 맞잡고 아픔을 함께 하면서 서로에게 용기를 주었다. 고된 삶이고 느닷없이 찾아든 우환이지만 어떤 경우든 포기하지 않고 살아가는 것이 정말로 사는 것이 아니냐며.

밤이 왔다. 김도삼 사장의 숙소는 공장 내 사무실 건물 위층 복도 끝 구석에 있다. 숙소에 들어서면 그는 으레 노트북 컴퓨터를 열어 아들 딸이 보내온 이메일을 확인한다. 그의 생활 중 몇 안 되는 즐거움 가운데 하나다. 이럴 때 가족이 가장 그립다. 그래서 가끔은 스산한 심사를 전화로 달기도 한다. 아내에게 전화를 걸어 가족들의 안부를 묻고 짧은 수다를 떠는 것. 그리고 전화를 끊을 땐 쑥스럽지만 아내에게 '사랑해요' 라는 말도 잊지 않는다. 늘 보고 싶은 아내다.

"처음엔 많이 보고 싶었어요. 그러나 이제 목소리만 들어도 보고 싶

사자꼬리를 잡은 발칙한 생쥐이야기

은 게 조금 해갈되는 것 같아요. 다른 가족들 여기 모여서 함께 있는 거 보면 가족이 생각이 나고 '외롭다' 그런 생각이 들기도 합니다. 그러나 직원들이 많다 보니까, 회사에만 들어가면 그런 생각이 없어져요. 그저 내게 달린 가족이 많구나, 그런 생각뿐이죠."

캄보디아에서 홀로 지낸 세월이 벌써 10년 째. 그는 다음 날 입을 속옷과 겉옷 그리고 양말까지 가지런히 정리해 놓고서야 안심하고 잠자리에 든다. 그러나 그는 제 시간에 잠든 적이 별로 없다. 혹시나 하는 생각에 늘 공장 이곳저곳을 살피기 때문이다. 현장에 불이 꺼진지도 한참이 지났지만 그는 공장으로 나선다.

오늘따라 이상하게 근무 태만이 많다. 그는 배짱 좋게 누워서 자고 있는 근무자를 발견했다. 일단 깨워 몸짓으로 시범까지 보이며 팔굽혀펴기를 시킨다. 엄격할 때는 엄격하게 해야 한다는 것이 그의 신조다. 그런데 팔굽혀펴기를 마친 직원은 의외로 웃음을 띤다. 엄격하지만 늘 다정다감하고 뒤끝 없는 김도삼 사장의 성격을 알고 있기 때문일 것이다. 공장 내 밤의 순찰은 영화 속 한 장면 같다. 그러나 아름답지 못한 현실을 알기에 김도삼 사장은 창문 하나하나까지 세심하게 챙겨 닫는다. 어디서 틈이 생길지 알 수 없는 일. 힘들어 보이는 일과 중 하나지만 책임자로서 당연히 해야 할 일이다.

"과업 시간에는 한 네 번 정도 돌아보고요, 아침 점심 저녁 그리고 밤 10시에 일 끝나고 한 번, 새벽 2시쯤 그때 또 한 번 돕니다."

　순찰을 마치고 아무도 기다려주지 않는 썰렁한 숙소로 돌아갈 때 김 도삼 사장은 다시 한 번 외로움을 느낀다. 그는 외로움에 젖어 있지 않기 위해 서둘러 잠자리에 든다. 그래서 늘 공장에서 가장 늦게 꺼지는 그의 방 불빛 하나가 사라진다.

사자꼬리를 잡은 발칙한 생쥐이야기

작지만 큰 사랑의 실천

김도삼 사장이 장애자 학교를 찾았다. 학교에서는 학생들이 휠체어 농구를 즐기고 있다. 이 나라에는 유난히 다리를 잃은 장애자가 많다. 전국에 약 7백여 만 개가 묻혀 있다는 지뢰 때문이다. 지뢰 사고로 다리를 잃은 사람이 40,000명을 넘어섰고, 하루에 20명씩 희생자가 늘어나고 있는 실정이다. 지금과 같은 속도로 지뢰를 제거한다면 모든 지뢰를 제거하는데 6,000년의 세월이 필요하다고 한다.

이 학교에서는 장애자 120명에게 재봉이나 기계 수리, 조각 같은 기술을 1년 또는 2년 과정으로 가르치고 있다. 한국 사람인 조인영 수사는 이곳에서 장애자를 위한 작은 공장 운영을 책임지고 있다. 그는 김도삼 사장을 반갑게 맞는다. 김도삼 사장은 서둘러 장애자들을 돌아본다. 삼한 캄보디아에서 일하는 장애자들은 거의 이 학교 출신이다. 그

러나 대부분의 장애자들은 배운 기술을 썩힐 수밖에 없는 것이 현실이
다. 때문에 조인영 수사는 장애자들의 취업에 혼신을 다하고 있다.

"취업은 힘든 상태예요. 장애자에 대한 편견은 어느 나라도 마찬가
지겠지만, 여기 캄보디아는 훨씬 안 좋거든요. 그나마 이제 삼한이나
몇몇 회사에서 받아주고 있어서 학생들 취업이 가능해서 다행이지요.
욕심이겠지만 더 많은 장애자들이 일할 수 있으면 좋겠어요."

조인영 수사의 말을 들으며 김도삼 사장은 더 많은 장애자들을 고용
하지 못한 것을 오히려 미안하게 생각한다. 그때 휠체어를 탄 반이라
는 학생이 반갑게 김도삼 사장을 맞는다. 그는 오랜만에 만난 파파에
게 자기 일터를 보여주고 싶어 힘겹게 휠체어를 돌린다. 김도삼 사장
은 반과 함께 일터를 돌아보고 발걸음을 옮긴다.

"이제 가 봐야 해. 다음에 다시 들릴게."

다시 찾아올 것을 약속하는 김도삼 사장에게 반은 다른 장애자들을
더 많이 채용해 줄 것을 부탁한다. 고개를 끄덕이며 학교를 나서는 김
도삼 사장. 그가 발걸음을 옮긴 곳은 '평화의 집'이다. 평화의 집은 가
톨릭 재단에서 운영하는 에이즈 감염자 및 환자 수용 시설이다. 수용
인원은 100명. 성인은 물론 에이즈로 부모를 잃은 아이들도 수용돼 있
다. 아이들도 에이즈에 감염된 상태. 김도삼 사장은 자주 이곳에 들린
다. 때문에 수녀들과는 낯이 익다. 그는 공장에서처럼 특기를 발휘해
낯익은 수녀의 손목을 덥석 잡고 밖으로 나간다.

사자꼬리를 잡은 발칙한 생쥐이야기

김도삼 사장은 이곳에서 아이들과 단란한 한 때를 보낸다. 아무런 거리낌 없이 쓰다듬고 안아 올리는 그의 모습에서는 누구에게 보여주려는 것이 아닌, 인간에 대해 인간이 느끼는 진정한 연민을 발견할 수 있다.

"앞으로도 시간이 나면 계속 찾을 겁니다. 저기 보이는 저 애들, 한 번 보고 가면 눈에 삼삼합니다. 저 아닌 많은 사람들이 저 애들을 아끼고 사랑했으면…."

평화의 집에서 아이들과 천진하게 웃는 김도삼 사장. 그는 아이들에게, 또 장애자들에게 주어도주어도 부족한 것이 사랑임을 아는 듯 했다.

언제나 베풀고 실천하는 사랑

삼한 캄보디아의 월급날이다. 비수기라 월급을 받아갈 근로자는 7,600여 명. 삼한에서는 하루 전날 급여 지급을 위해 현금 49만 달러를 은행에서 수송해 왔다. 월급날은 근로자들의 잔칫날이다. 그리고 가장 기다려지는 날이기도 하다. 월급날이라 그런지 근로자들의 표정이 더없이 넉넉하다. 김도삼 사장은 한 달 동안 고생한 근로자들을 위해 광대를 자청하고 나섰다. 춤을 추며 근로자의 손목을 덥석 잡아끌고. 웃음이 활짝 피어난 작업장은 온통 꽃밭이다. 월급날 가장 큰 박수를 받는 대상은 운반 중인 월급 박스다. 한쪽에서는 작업을 하고 그 옆으로 월급을 받으려는 근로자들이 모여 앉았다.

삼한 캄보디아 근로자들의 평균 급여는 63달러. 성수기에는 90달러대로 치솟기도 한다. 공무원 평균 임금이 25달러라고 하니 캄보디아

사자꼬리를 잡은 발칙한 생쥐이야기

에서는 꽤 괜찮은 직장에 속한다. 얼마를 받든 자기 월급에 만족하는 근로자가 몇이나 될까. 더구나 봉투 속 지폐들을 이리 세고 저리 세면서 용처를 따져봐야 하는 가난한 근로자는 더욱 그럴 것이다. 그래도 일단 월급날은 기분 좋은 날임이 틀림없다. 주머니가 두둑해진 근로자들이 밖으로 몰려나온다.

월급날이면 근로자들과는 달리 김도삼 사장은 좌불안석이다. 한꺼번에 50만 달러에 가까운 거액이 풀려나가니 이를 노리는 범죄자들 때문이다. 정문에 버티고 서서 수없이 당부를 하지만 월급을 통째로 털리거나 잃어버리고 울상이 되어 달려오는 근로자들이 있기 마련이다. 그러니 불상사를 미리 예방하는 것이 상책이다.

월급날은 특히 삼한 길의 인파가 늘어난다. 거의 통행이 어려울 정도다. 이 길에 김도삼 사장이 슬쩍 끼어든다. 회사 근처 장애자들이 집단으로 세 들어 사는 집으로 향하는 길이다. 월급날이고 해서 선물을 사들고 한 번 찾아가 보려는 것이다. 가는 길에 그는 과일 한 봉지를 산다.

"그냥 가보는 거예요. 궁금하기도 하고, 보고 싶기도 하고. 뭐, 특별한 목적이 있어서 가는 건 아니고 그냥. 그냥 아들네, 딸네 가듯이 가는 거예요."

장애자들의 셋집에 들어서면서 그는 앞에 있는 여자 장애자에게 과일 봉지를 안겨준다. 아버지가 딸에게 그러하듯이. 더위로 웃통을 벗

어 제친 한 남자 장애자는 삼한의 예전 직원이다. 김도삼 사장은 그와
도 안부를 주고받는다. 다정하기가 부자지간을 뺨칠 지경이다.

좁은 복도를 사이하고 방들이 늘어서 있는 장애자들의 셋집으로 통
역과 경비원들이 선물꾸러미를 날라 온다. 김도삼 사장이 들어선 방
하나에 이 집에 사는 장애자들이 한 자리에 모였다. 방으로 들어가 앉
은 김도삼 사장은 먼저 가벼운 얘기로 안부를 주고받는다. 파파의 방
문으로 약간은 긴장해 있을 장애자들의 마음을 풀어주기 위해서다. 장
애자들의 얼굴에 웃음기가 돈다. 그리고 아버지처럼 여기고 따르는 파
파의 방문에 대한 반가움을 나타낸다. 그는 장애자들에게 늘 용기를
잃지 말고 열심히 함께 살자는 부탁의 말을 건네 본다. 굳어 있던 장애
근로자들의 얼굴이 비로소 밝아진다. 더위에 약한 파파를 위해 장애자
들은 어렵사리 구한 선풍기를 켜준다. 회전시켜 함께 바람을 맞으면
좋을 것을 굳이 김도삼 사장 쪽으로 바람을 고정시킨다. 정이다.

장애자들은 파파에게 월급 타서 생활비하고 약 사먹으면 남는 것도
없다고 하소연한다. 이 말에 김도삼 사장은 장애자들에게는 선풍기 바
람보다 더 시원하게 들릴지도 모르는 말을 들려준다.

"약 사먹는 거 회사에다 얘기해요. 약은 회사에서 줍니다."

이 말에 방안의 장애자들 얼굴이 활짝 피어난다.

직원 장애자 집을 나온 그는 약속대로 반을 다시 찾아갔다. 반은 봉

재 일을 하며 그를 반긴다. 반과의 만남을 통해 김도삼 사장은 배웠을 것이다.

사랑은 때로 상대방의 입장이 되어 세상을 바라보는 것.

아무 말 없이 곁에 앉아 시간의 흐름을 함께 나누는 것.

손을 뻗어 도움의 손길을 내미는 것.

따스한 눈길로 지켜봐 주는 것.

그리고 말은 통하지 않아도 마음은 옮겨진다는 것.

봉재 일을 하는 반의 가위질은 영원히 끝나지 않을 것처럼 계속되고 이를 지켜보던 김도삼 사장은 문득 눈가를 훔친다.

기업을 운영하는 것은 강물에 배를 띄우는 일과 같다. 성심성의껏 배를 젓는 노꾼도 필요하지만 배가 올바른 방향으로 가도록 살피는 지휘자도 필요하다. 승부를 위해서 모든 것을 걸어야 할 때도 있지만 중요한 것은 배의 추진력을 만들어내는 한 사람 한 사람. 그것이 모여 전체의 어울림이 된다. 그리하여 배는 어느 한 곳에 다다르게 된다. 그리고 그 다음의 선택이 진정한 차이를 만들어낸다. 김도삼 사장은 오늘도 배를 지휘하기 위해 힘찬 발걸음을 내딛는다.

"회사 입장, 사장 입장에선 이 회사를 더 키우고 싶고, 진짜 세계에서 제일 가는 스웨터 공장으로 발돋움하고 싶은 그런 생각을 가지고 있어요. 두 번째로는 캄보디아에서 성공한다면 우리도 캄보디아에서 도움을 받았기 때문에 캄보디아의 어려운 사람들을 위해서 뭔가 봉사할 수 있고, 돌려줄 수 있는 기회가 있었으면 하는 것이 저의 바람입니다."

연간 수천 만 불의 수출 실적에도 불구하고 그의 바람은 의외로 소박하고 진한 사랑이 느껴진다. 어쩌면 그것은 진실을 다해 마음을 연현지화의 값진 열매인지도 모른다.

삼한 캄보디아의 편직기는 다시 힘차게 실을 물고 움직인다. 캄보디아인들과의 진정한 어울림을 위해 캄보디아인 속으로 걸어 들어간 사람. 그의 이름은 한국인 김도삼이다.

사자꼬리를 잡은 발칙한 생쥐이야기

· 김도삼이 성공한 이유

/ 철저한 현지화로 캄보디아인들과 일체화된다
/ 직원들과의 거리감을 좁히고 아버지처럼 자
  상하다
/ 현지 장애자들과 불우한 이웃을 위해 늘 봉사
  하고 사랑을 실천한다
/ 회사를 키우듯 현지인 직원도 함께 키운다
/ 현지의 한국 교민들과 동고동락한다

· 캄보디아의 또 다른 틈새시장

/ 저가의 즉석 식품 가공 판매업.
  빙과류 제조 판매, 의료기구 제조 판매 등

이 동 규

'훈' 사장

폴란드

중부 유럽 발트 해 연안에 자리한 폴란드는 피아노의 시인 쇼팽의 나라로 통한다. 때문에 국민들은 문화 예술의 나라라는 대단한 자부심을 갖고 있다. 수도 바르샤바는 2차 세계대전 당시 도시의 80%가 파괴되었지만 지금은 현대적 시가의 모습과 구 시가지의 고풍스런 건축물들이 아름답게 조화를 이루고 있다. 인구는 약 4,000만 명. 폴란드어를 사용하며 인구의 95%가 가톨릭이다. 통화는 즈워티(Zloty)로 1달러 당 3.84즈워티며 국민 소득은 1인당 5,000달러(2002년)에 조금 못 미친다.

품질의 차별화

　동유럽의 예술을 꽃피운 나라답게 폴란드 국민들은 패션 등 미적인 분야에 대한 관심이 높다. 특히 젊은 여성들의 남다른 개성 연출과 멋에 대한 관심은 파리 여성들 못지않다. 그러나 폴란드 여성들은 경제적 여력이 미미한 탓에 대부분 자신의 경제 상황에 맞는 멋을 연출한다. 이 멋의 연출에 빠지지 않는 것이 바로 액세서리. 폴란드 여성들은 오늘도 자신의 주머니 사정에 맞는 액세서리를 사기 위해 거리로 나선다.

　바르샤바 스타디온 시장. 노점들이 즐비하다.

　액세서리 도매업을 하는 이동규

고풍스런 멋이 가득한 바르샤바

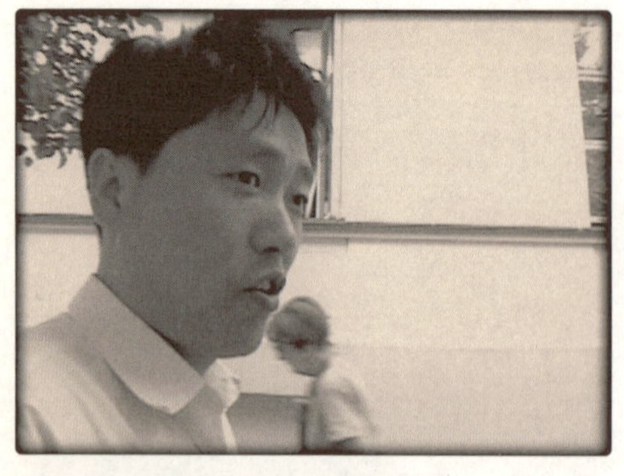

소비자들과 직접적인 만남을 위해 자주 노점을 찾는다는 이동규 사장

(40) 씨는 자주 이곳을 찾는다. 10여 년 전, 사회주의 경제 체제에서 시장 경제 체제로 변화를 시도한 폴란드. 사회, 경제적 후유증과 근래의 경기 불황 여파는 스타디온 시장에도 짙게 드리워져 있다. 이동규 씨는 이곳에서 액세서리에 관한 시장 조사와 제품 분석을 한다.

폴란드의 수입 액세서리는 한국산과 중국산이 반반이다. 90년 대 말까지만 해도 폴란드의 수입 액세서리는 90%가 한국산이었다. 여성들 사이에 인기 또한 최고였다. 그러나 지금은 중국산 액세서리가 시장을 파고들었다. 한국 제품에 비해 품질은 떨어져도 가격이 저렴하기 때문이다.

많은 인파는 아니지만 스타디온 시장의 액세서리 가게엔 손님들이 붐빈다. 이곳을 찾는 여성들이 어떤 취향의 액세서리를 선호하는지 둘러보던 이동규 씨는 한 가게 앞에 멈춰 섰다. 그는 목걸이를 쥐어 들고 주인에게 물었다.

"어? 이거 우리 물건이 아닌 것 같은데…."

사자꼬리를 잡은 발칙한 생쥐이야기

"아니에요. 일부만 그래요."

이동규 씨가 들고 있는 목걸이는 중국산이다. 2, 3년 전부터 액세서리 시장엔 값싼 중국산 제품들이 쏟아져 들어왔다. 여기서 이동규 씨는 시장 상인들과 대화를 나누며 어떤 제품들이 잘 팔리는지를 조사

액세서리 노점을 둘러보며

한다. 그는 가게들을 살피며 자신의 물건이 어떻게 진열되었는지도 꼼꼼하게 살핀다. 그러다 한 곳에 발이 멈췄다.

"이건 내 제품이 아닌데?"

이번엔 중국산 제품이 한국산으로 둔갑해 있다. 그것도 이동규 씨 회사의 포장재에 넣어서 팔고 있다. 이럴 때 그는 상인에게 미소를 보낸다. 앞으로 그러지 말라는 의사 표시다. 상인들은 한국 제품에 비해 중국산 액세서리는 역시 질이 떨어진다는 것을 너무도 잘 알고 있다. 그렇긴 해도 값싼 중국산을 한국산으로 둔갑시켜 놓으면 큰 이익을 얻을 수 있다. 그래서 가끔 이런 경우가 생긴다. 그가 시장 조사와 제품 분석을 위해 스타디온 시장으로 나오는 첫 번째 이유가 여기에 있다.

두 번째 이유는 소비자들과의 직접적인 만남이다. 이동규 씨는 벨트를 고르는 여성에게 넌지시 다가갔다. 그리고 자신이 취급하는 한국 물

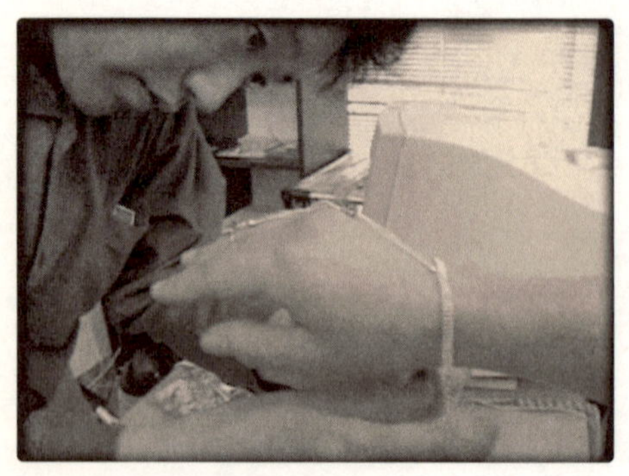

액세서리 가공은 뒷 마무리가 중요하다

건을 권했다. 멋쟁이 폴란드 아가씨는 제품 자체에는 탐을 내었다. 한국 제품은 섬세하고 깔끔한 뒷마무리로 모두가 그 멋과 명성을 인정하고 있다. 그러나 젊은 여성이 고른 벨트는 값싼 중국산이다.

주머니가 얇은 폴란드의 소비자들에겐 싼 게 비지떡이 아니다. 싸다는 것 자체가 고마울 따름이다. 한국산 액세서리가 품질이나 명성에서 중국산보다 월등히 낫다는 건 누구나 아는 사실이다. 그러나 상대적인 가격 차이 때문에 소비자들 중 다수는 중국산을 선택한다. 소비자들이 제품을 선택하는 기준의 첫째 요건은 품질이 아니라 가격이기 때문이다.

이런 현실 앞에 우선 인기 있는 중국산 액세서리를 취급하는 것이 장사꾼의 논리다. 그러나 이동규 씨의 생각은 다르다.

"많이 판매할 욕심만 앞세운다면 중국 제품을 갖다 놓을 수도 있죠. 그러나 나는 미래를 봅니다. 소비자들이 지금은 만 원짜리 살 거 천원에 사지만 결국은 품질 좋은 한국산을 선택할 것이니까요."

그는 늘 현재보다 미래를 보고 있다. 2004년 폴란드가 EU에 가입하게 됨으로써 액세서리 시장이 한층 넓어질 것이라는 확신이 그것이다. 또한 현재 폴란드의 경제 성장 속도를 볼 때 국민들의 경제 사정도 좋

사자꼬리를 잡은 발칙한 생쥐이야기

아질 것이기 때문이다. 특히 폴란드 여성들은 액세서리를 필수품처럼 선호하고 즐긴다. 그래서 그가 내다보는 미래는 어쩌면 가장 정확한 것일지도 모른다.

폴란드의 치즈, 액세서리 두매업 _ 이동규

더불어 사는 '공생'의 정신으로

이동규 씨의 사무실은 액세서리 제품 전시실을 겸하고 있다. 100%
도매만 취급하기 때문에 액세서리 제품의 전시는 도매상들에게 선택
의 기준을 정하게 한다. 그래서 중요하다. 또 그가 취급하는 액세서리
는 무척 다양하다. 목걸이, 귀걸이, 머리핀과 머리띠. 간단한 미용기구
까지 상품의 구색에 관한 한 없는 게 없다. 모두 메이드 인 코리아, 한
국산 완제품들을 수입해 판매하고
있다. 이런 많고 다양한 제품이 제
대로 전시되어 있어야 물건을 가져
가는 소매상들이 편하다.

그러나 대체로 여유만만하고 설
렁설렁 대충인 폴란드 직원들. 사

제품 전시실을 겸하고 있는 사무실

사자꼬리를 잡은 발칙한 생쥐이야기

무실에 들어서면 늘 제품이 제대로 전시되어 있는지를 살피는 이동규 씨는 이런 직원들이 그다지 마음에 들지 않는다. 그래서 뭐든 자신이 솔선수범한다. 그렇다고 혼자서 모든 일을 할 수는 없는 일. 본의 아니게 직원들에게 잔소리꾼이 되었

다. 그가 잔소리꾼이 되지 않으면 한국에서 물건이 들어오면 박스 째 쌓여 있는 일도 많다. 그가 직원들에게 이렇게 하는 이유는 간단하다. 그저 시키는 일만 하기보다 창의적으로 자기 개발을 했으면 하는 바람 때문이다. 그래서 함께 일하는 5명의 직원들에게 전시된 물건을 꼼꼼히 챙기며 조언을 한다.

"여기 물건들은 우리가 아닌 고객들을 위한 거니까 전시도 잘 해야 하고 보관도 잘 해야 해요. 지금 우리 눈 앞에 고객들이 보이지 않는다고 물건을 함부로 취급하면 안돼요. 언제나 고객이 우리 앞에, 우리 눈 앞에 있다고 생각하면 물건을 함부로 할 수 없겠죠?"

직원들은 묵묵히 고개를 끄덕인다. 한 번 말하면 두 번 말하지 않아도 될 일이다. 그래서 전시장에 '만들면 기준이 됩니다' 라는 글까지 써놓았다. 직원들의 자기 개발을 위해서다. 물론 재빠르게 동조하는 직원은 없다. 그래도 이동규 씨는 기다린다. 폴란드 사람들 특유의

폴란드의 치즈, 액세서리 두매업 _ 이동규

‘여유만만’을 먼저 이해하기 때문이다. 두 번, 세 번, 끝없이 독려하고 배려해야 함께 일할 수 있음을 알기 때문이다. 그는 늘 더불어 사는 공생의 정신을 잃지 않는 한국인 폴란드 사업가다.

‘훈’의 직원들은 이동규 씨를 든든한 버팀목으로 생각한다. 책상 위에서 사인이나 하고 입으로 지시만 하는 사장이 아니기 때문이다. 물건을 전시하는 일부터 시장 조사, 제품 분석 그리고 고객 관리에 이르기까지 뭐든 솔선수범하는 낯선 동양인 사장. 그런 모습에서 이들은 반석 같은 믿음을 가진다. 그래서 이동규 씨는 그들에게 더 이상 낯설지 않은 듬직하고 미덥고 정 많은 사장이다. 자신들이 언제나 칼 퇴근을 할 때도 사장인 이동규 씨는 늘 늦게까지 사무실에 남아 뒷정리를 한다. 때로 미안하기도 하지만 오래도록 사회주의 체제에 길들여진 그들이다. 특별한 일이 아니고 늦게까지 사무실에 남아 있는 일은 없다. 상황이 이러함에도 사무실 뒷정리를 도맡아 하는 이동규 씨. 직원들은 그래서 이동규 씨에게 더 큰 믿음을 갖는지도 모른다.

사자꼬리를 잡은 발칙한 생쥐이야기

철저한 현지화 전략과 고객 관리

이동규 씨의 액세서리 수입 회사 이름은 '훈'이다. 외아들 지훈이의 이름을 딴 것이다. 또 취급하는 제품의 전량이 한국산이라는 것을 쉽게 알리기 위해서다. 한국에서 무역학을 전공한 그가 액세서리 도매업을 시작한 것은 1995년. 폴란드의 한국 유학생으로 아르바이트를 하다 아예 회사를 인수했다. 물론 큰 돈이 들어간 것은 아니다. 그가 회사를 인수한 것은 소자본으로 폴란드에 알맞은 틈새시장 공략에 액세서리 제품이 적절하다고 판단했기 때문이다.

아르바이트를 할 때와 다르게 회사를 직접 경영하는 일은 쉽지 않

거래처 방문은 중요한 업무 중 하나다

폴란드의 치즈, 액세서리 도매업 _ 이동규

았다. 먼저 소비자와 직접 거래를 하는 폴란드 현지인 소매상을 상대하는 일이 아무래도 어색했다. 그러나 그는 철저한 현지 적응 그리고 따스한 정이 묻어나는 사업 방식으로 고객 관리에 성공했다.

그가 거래하는 고객의 90%는 폴란드 액세서리 소매상. 나머지는 우크라이나 등의 인접 국가 소매상들이다. 제품이 전시된 사무실에서 그는 소매상 바이어들을 만난다. 그와 바이어들과의 만남은 상식을 초월한다. 대부분 친구처럼 터놓고 지내는 사이기 때문이다. 그래서인지 몇 년 째 거래를 해 온 우크라이나 단골 바이어들이 사무실을 찾을 때 이따금 보드카 한 병을 들고 오기도 한다.

"이게 뭐예요?"

"보드카."

"이 술, 아주 매운 거지?"

"아주 강한 술이야. 작은 병도 아니고 큰 병이야."

"아유 나, 술이라면 지긋지긋해. 담배도 그렇고."

말은 그렇게 했지만 매운 고추가 들어있는 보드카 병을 보는 이동규 씨의 기분은 그리 나쁘지 않다. 바이어들이 이렇게 할 때는 으레 난처한 일이 있을 때다. 반품을 하거나 외상 거래를 하거나. 경기가 좋지 않은 근래, 외상 거래가 부쩍 늘었다. 그래도 그는 그것을 당연하게 받아들인다. 고객과의 거래는 믿음이 최우선이기 때문이다. 서로의 믿음이 바탕에 깔려 있지 않으면 외상 거래는 절대 불가능하다. 미수금을

사자꼬리를 잡은 발칙한 생쥐이야기

받자고 우크라이나까지 갈 수는 없지 않은가. 그저 고객들이 알아서 하기를 바라는 마음. 그리고 그들에 대한 믿음. 이것이 이동규 씨의 고객 관리다.

바이어들이 물건을 고르고 포장을 마치자 이동규 씨는 사무실 한쪽의 주방으로 갔다. 보드카를 받은 답례를 위해서다. 밍밍한 찻잔을 앞에 놓기보다 그는 한국산 액세서리 수입자답게 라면을 준비한다. 그 모습을 본 40대 초반과 20대 중반의 바이어들은 싱글벙글 입부터 벌어진다. 라면은 이들이 좋아하는 별식 중의 별식. 이동규 씨는 라면을 끓여와 김치까지 꺼내놓았다. 한 자리에 앉아 바이어들이 가져온 보드카와 라면을 먹는 모습. 사업상의 만남이 아니라 마치 10년 지기라도 만난 듯한 착각이 들 정도다.

"자, 건배!"

"건배!"

정 많고 순박한 우크라이나 고객들. 이동규 씨는 이들과 만나면 먼 이국이 되어버린 고향 전라도의 푸근한 인심을 떠올린다. 우크라이나의 전통주와 한국 라면과의 절묘한 조화 속에 분위기가 고조된다. 포크에 라면을 돌돌 마는 바이어들. 이동규 씨는 가위로 라면을 잘라준다. 서로 다른 문화를 자연스럽게 받아들이는 것. 이것이 그들과의 거리감을 좁히고 마음을 주고받는 작은 발화점이다.

별식 중의 별식인 한국 라면을 먹고 난 바이어들은 일주일 후 다시

오겠다며 악수를 청한다. 이동규 씨와 이들과의 악수 또한 평범하지
않다. 박수를 치듯 흉허물 없는 친구들과 다름없다. 이들을 배웅하고
멀어지는 뒷모습을 보며 그는 다시 한 번 자신감과 확신을 갖는다. 멀
리서 찾아와 주는 고객들이 아닌가. 한국의 액세서리가 그만큼 뛰어나
기에 그들은 먼 거리를 멀다고 생각하지 않는다. 그래서 이동규 씨는
이 시장 만큼은 품질로 승부하겠다는 확신을 더욱 굳힌다.

사자꼬리를 잡은 발칙한 생쥐이야기

불경기 중에도 틈새는 있다

폴란드 우츠시는 바르샤바에서 150킬로미터 떨어져 있는 도시다. 서울을 중심으로 치면 대전쯤 될까. 폴란드의 대표적 상업도시이며 첨단 유행을 리드하는 곳이다. 이동규 씨는 함께 일하는 직원 얀과 우츠시의 거래처를 찾았다. 그의 거래처는 대형 쇼핑몰인 우츠종합상가의 액세서리 가게. 때마침 점심 식사 중인 중년의 여주인 카롤리나에게 이동규 씨는 푸근하게 인사를 건넨다.

"맛있게 드세요. 나를 위한 커피는 없나요?"

"오셨어요?"

"마저 드세요."

주인이 식사를 마무리하는 사이 이동규 씨는 얀과 가게를 둘러본다. 다른 곳에 비해 한국 제품들을 많이 구비하고 있는 곳이다. 이곳에서 한국 제품이 인기가 있다면 앞으로도 한국 제품은 인기가 있을 것이다. 이동규 씨는 주인에게 장사가 되는지를 물었다.

"목걸이는 잘 나가는 편이에요. 한 상자 더 주문해야겠어요."

"그래요? 반가운 소식이네."

불경기 중에 잘 나가는 물건이 있다는 건 희소식이다. 카롤리나는 한국 제품이 중국산에 비해 가격은 좀 비싸지만 더 오래가고 잘 망가지지 않아서인지 우츠의 사람들은 한국산을 선호한다고 설명해 준다. 이동규 씨는 카롤리나와 대화를 하면서 확신을 더욱 굳힌다. 가격 경쟁력을 앞세운 중국산과의 경쟁에서 품질로 승부하는 것만이 해법이라는 확신. 또한 불경기 중에도 살아남는 유일한 길은 품질 경쟁 뿐이다. 이동규 씨는 이 경쟁에서 반드시 승리할 것이라는 다짐도 한다. 그래서 목걸이뿐만 아니라 폴란드의 모든 액세서리 가게에서 한국에서 수입해 자신의 회사 '훈'에서 판매하는 제품들이 넘쳐났으면 하는 기대도 한다.

"이따 집에 가서 저녁 먹고 가세요."

카롤리나는 자신의 집에 이동규 씨를 초대한다. 단순한 거래 관계를 넘어선 우정이다. 이동규 씨 역시 기왕 우츠까지 온 김에 8년 째 단골 고객인 카롤리나의 집에 들렀다. 집에서는 그녀의 아들이 이동규 씨와 얀을 반갑게 맞이했다. 카롤리나는 푹 고운 송아지 요리로 이동규 씨와 얀을 대접한다.

사자꼬리를 잡은 발칙한 생쥐이야기

폴란드 사람들도 한국 사람과 마찬가지로 손님 대접이 후하다. 이런 카롤리나를 보면 이동규 씨는 고향의 어머니를 만난 것처럼 마음이 푸근해진다. 식사를 하면서 이동규 씨는 자잘한 일상사를 주고 받는다. 카롤리나는 연신 이동규 씨를 칭찬한다. 자신을 반갑게 맞아주고 정직하게 거래하며 무엇보다 서로 믿음을 가질 수 있어 좋다고.

이동규 씨가 이들과 이처럼 편안하고 푸근하게 어울릴 수 있는 이유는 무엇일까. 단순히 폴란드에서 10여 년을 살았기 때문은 아니다. 무엇보다 그 자신이 먼저 폴란드 사람이 되려는 노력이 있었기에 가능한 것이다. 현지인에게 동화되는 것이 아니라 현지인처럼 되려는 노력. 그것이 거래 관계를 떠나 인간적으로 먼저 친해지고 함께 사랑을 나눌 수 있게 했다.

돈보다 앞선 사업 밑천, 폴란드 사랑

이동규 씨가 처음 폴란드에 발을 내디딘 것은 1990년. 동유럽에 대한 호기심으로 여행을 하기 위해서였다. 이 여행에서 지금의 폴란드인 아내 카시아를 만났다. 그때 아내는 바르샤바 대학 한국어과를 다녔다. 이미 김일성 종합대학에서도 공부한 이력답게 유창한 한국어 실력. 아내는 이후 다시 한국으로 유학을 왔고 서울대에서 박사학위를 받았다. 이런 아내와 결혼 것이 1993년. 한폴 부부 탄생 1호였다. 이동규 씨는 현재 프리랜서 통역자로 일하는 카시아와 결혼 후 2년 예정으로 아내의 고향 폴란드로 유학을 왔다. 그런데 사업을 시작하

아내 카시아와 함께

사자꼬리를 잡은 발칙한 생쥐이야기

면서 폴란드에 완전히 정착하게 되었다.

낯설고 물 선 땅 폴란드에서의 사업은 만만한 것이 아니었다. 그는 여기서 단순히 이윤만을 남기기 위한 사업을 선택하지 않았다. 일단 폴란드에서 사업을 시작한 이상 자신이 먼저 폴란드를 사랑하기로 한 것이다. 그들의 문화를 이해하려 노력하고 생활 방식을 같이 하며 한 걸음씩 그들에게 다가서는 것. 돈보다 앞선 사업의 밑천이 여기에 있었다. 그래서 그는 늘 부지런히 일하며 진실한 마음으로 사람들을 대했다. 이런 노력 때문일까. 그는 거의 모든 거래처 사람들과 흉허물 없이 지낸다. 친구처럼 가족처럼 진실하고 즐거운 유대 관계는 언제나 일보다 우선이다. 여기서 서로 간의 마음에 믿음이 생기고 사랑이 꽃핀다.

이동규 씨는 가끔 바르샤바 대학을 찾는다. 폴란드인 한국어과 학생들을 만나기 위해서다. 여기서도 그는 학생들과 가족들의 안부를 주고받을 정도로 친하다. 또 한국말도 곧잘 지도해 준다. 그리고 한국 대사관을 통해 한국어과 학생들에게 장학금을 지원해 주고 있다. 아내를 처음 만난 곳, 바르샤바 대학. 한국어과가 생긴 것은 1983년이다. 한때 한국어는 대우가 1995년 현지 법인을 설립할 당시 상종가를 달렸다. 그런 인기가 2000년 대우의 부도로 요즘 시들해진 것이 안타깝기만 하다. 더더욱 한국에 대한 이미지가 나빠졌다는 것은 더욱 안타깝다. 이런 상황에서도 한국이 좋아 한국어를 배우는 학생들이 기특하기만 하다. 그래서 이 학생들을 지원하는 일은 조금도 아깝지가 않다.

이동규 씨의 폴란드 사랑은 자신이 한국인이고 한국인의 정신을 잃지 않는 자세에서 출발한다. 비록 그것이 혼자만의 사랑이 될지라도 진실은 인종과 국가를 초월해 끝내 통한다는 평범한 진리를 믿기 때문이다.

사자꼬리를 잡은 발칙한 생쥐이야기

작은 희망을 일구며 산다

이동규 씨의 회사 '훈'에서 일하는 얀은 퇴근할 때 곧잘 박스를 들고 간다. 회사에서 가지고 나온 박스다. 칼 퇴근에 가족과 함께 보내는 시간을 중요하게 생각하는 폴란드 사람들. 때문에 일거리를 집에까지 들고 가는 경우는 거의 없다. 얀이 들고 가는 박스엔 액세서리 완제품과 포장재가 들어 있다. 이것은 얀의 아내와 딸이 함께 할 아르바이트 일거리다. 경기 불황으로 실업자가 많아지면서 이런 일거리도 경쟁이 치열하다. 얀의 아내와 딸은 가계에 도움이 되고 적지만 돈을 벌 수 있는 기회를 얻은 것이다. 제품 하나를 포장하고 받는 돈은 우리 돈으로 3원 정도. 그나마 일을 할 수 있다는 것이 그들에겐 즐겁기만 하다.

이런 아르바이트는 얀의 가족만 하는 것이 아니다. 아름으로 찾아오는 또 다른 폴란드 여성들에게도 일거리를 나누어 준다. 무슨 일이든 열심히 하려고 하는 사람들을 이동규 씨는 외면하지 않는다. 오히려 일거리가 없을 때 그들에게 더 미안하고 안타까울 뿐이다. 그래서 자신이 더 열심히 일해서 많은 일거리를 나누어 주고 싶은 바람을 늘 가지고 있다. 어차피 더불어 사는 세상이 아닌가. 이동규 씨는 이 논리를 너무도 잘 알고 있다.

대우그룹이 부도만 나지 않았어도 폴란드의 경기는 지금보다 나았을지도 모르겠다. 그만큼 대우는 폴란드에서 희망의 상징이었다. 그러나 그 희망은 지금 인원 감축, 조업 감축 등 골칫덩어리로 전락해 버렸다. 이런 상황들이 이동규 씨에겐 너무도 안타깝기만 하다. 그래서 자신이 더 노력해서 새싹을 틔우듯 작은 희망을 일구고 싶은 마음을 버리지 않는다.

이동규 씨는 틈이 날 때마다 바르샤바의 한국 식당 '아리랑'에 들린다. 대우에서 사내 식당 주방장으로 근무했던 김종만 씨가 운영하는 곳이다. 그는 구조조정으로 회사를 그만두고 자신의 이력을 살려 식당을 차렸다. 물론 쉬운 일이 아니었다. 그러나 어려운 고비를 당할 때마다 먼저 와서 자리를 잡은 이동규 씨가 큰 힘이 되어 주었다. 김종만 씨는 그런 이동규 씨가 두고두고 고마울 따름이다.

"처음 폴란드에 올 때 말은 고사하고 단어장 하나도 들고 오지 않았어요. 그때 눈은 또 왜 그렇게 많이 오고 춥기만 했던지…. 그래도 이

사자꼬리를 잡은 발칙한 생쥐이야기

동규 사장님이 이렇게 도와주셔서 저는 위기를 기회로 잡게 되었어
요."

　환하게 웃는 그의 얼굴엔 당당한 자신감이 묻어 있다. 맛있는 한국
요리, 특히 김치찌개는 현지인들을 사로잡기에 충분했다. 그래서 이제
는 현지인들이 즐겨 찾는 명소로 완전히 자리를 잡았다. 폴란드인 종
업원들에게 한국 요리와 한국 말을 가르치는 김종만 씨. 그는 이동규
씨에게 받은 도움을 잊지 않으면서 자신도 또 누군가에게 도움을 주기
위해 노력한다. 이것이 이동규 씨에게 배운 인간미 넘치는 상생의 논
리다.

처음의 마음을 잊지 않고 잃지 않는다

폴란드의 가장들은 가족들과 많은 시간을 함께 보낸다. 늘 일이 우선이고 바쁘게 살아가는 대부분의 한국 남자들과는 대조적이다. 비록 폴란드에서 일하며 폴란드인처럼 살아가기는 하지만 이동규 씨는 한국 남자의 특성을 버리지 못했다. 늘 바쁘고, 늘 일만 생각하고, 시간이 나면 늘 자신보다 어려운 사람들을 찾아다니고…. 이런 이동규 씨를 보며 아내는 남편이 가정보다 일을 우선시하는 것 같아 처음엔 속앓이를 할 수밖에 없었다. 서로 다른 문화권에서 살아온 두 사람이기에 늘 많은 노력으로 극복해야 했다. 그 극복의 과정은 누구에게나 힘이 든다. 지금은 10여 년의 세월에 서로 희석되고 자연스럽게 이해되기도 하지만 아쉬움은 늘 남아 있다. 이동규 씨 역시 가족들과 많은 시간을 함께 하기 위해 노력은 하지만 부족함이 많다. 때때로 여름 휴가

사자꼬리를 잡은 발칙한 생쥐이야기

도 함께 하지 못했으니 더 이상 말
해 무엇할까.

이동규 씨는 늘 바쁜 자신을 이
해하고 존중해주는 아내가 못내 고
맙기만 하다. 그러나 아내는 아내
이기 때문에 사랑과 믿음으로 많은
것을 이해하고 극복한다지만 아내

아내와 아들 지훈이와 휴가를 즐길 때

의 가족들은 달랐다. 그의 장모는 처음, 온통 일에만 묻혀 사는 사위를
이해할 수가 없었다. 그러나 정 많고 자상한 그의 생활 태도와 노력으
로 지금은 오직 딸과 함께 행복하기만을 바라는 마음뿐이다. 문제는
장인이었다.

완고하고 내성적인 성격의 장인. 국립 쇼팽 아카데미 피아노과 교수
인 장인은 한국에서도 공연을 한 적 있는 저명한 피아니스트다. 10년
의 세월 동안 서로의 간격이 많이 좁아지긴 했지만 여전히 어려울 때
가 많다. 그렇긴 해도 이동규 씨는 장인의 속 깊은 사랑을 알고 있다.
그래서 더 열심히 일하고 아내와 아들 지훈이를 더 많이 사랑하고 행
복하게 살아가는 모습을 보여주고 싶은 것이다.

"나는 늘 처음 가졌던 마음을 잃지 않으려고 노력해요. 아내와 폴란
드를 사랑했던 처음의 마음, 사업을 시작하면서 가졌던 처음의 마음.
나보다 힘든 사람들을 위해 작은 일이라도 해야겠다던 처음의 마음.

폴란드의 치즈, 액세서리 도매업 이동규

이런 마음을 잊지 않고 잃지 않으면 어려운 일도 없고, 어려운 일이 있어도 빨리 극복하게 돼요."

이동규 씨는 이런 마음으로 열심히 살아간다. 자신이 먼저 마음을 열고 먼저 이해하며 사람들에게 한 발 먼저 다가가는 노력. 이런 노력이 있었기에 지금의 성공이 더욱 빛을 발하는 것이다.

사자꼬리를 잡은 발칙한 생쥐이야기

· 이동규가 성공한 3가지 이유

/ 현재보다 미래를 보며 품질로 승부하라
/ 믿음과 사랑으로 고객을 대하고 한 발 먼저
다가서라
/ 공짜로 얻어지는 것은 없다. 노력하고 실천
하라

· 폴란드의 또 다른 틈새시장

/ 식품 가공사업, 소프트 웨어, 의류 등

김 동 복

'통가 농산물 가공 수출 회사' 사장

농산물 가공 수출업

'절망의 끝, 흙에 주저앉아 흙에서 이룬 성공'

통가왕국

남태평양 폴리네시아 최서단에 있는 왕국. 정식 명칭 통가왕국(Pule'anga Fakatu'i'o Tonga). 면적 650㎢. 인구는 104,000명(2002). 뉴질랜드에서 북동쪽으로 약 1900km 지점, 남위 15°~23°, 서경 173°~177° 사이에 있다. 통가 해구(海溝)를 따라 서쪽에 남북으로 이어진 170개의 섬들을 통가제도라 하고, 이를 합쳐 1970년에 통가왕국이 공식적으로 독립하였다. 수도 누쿠알로파.

화폐단위 – 파앙가(T$)

1인당 GDP – 2,200불

통가는 태평양 섬들 중 식민화 되지 않은 나라이면서 고유의 기독교적 특징과 함께 그의 전통과 문화를 간직하고 있다. 축제에 오는 모든 사람들을 환영하고 파티를 열면서 취할 만큼 카바를 마시고는 일요일 교회의 예배를 통해 교화를 받는다. 그리고는 외딴 해변의 아무도 손대지 않은 산호초 정원에서 스노크링도 하고 간간히 코코넛 주스를 들이켜고 해변에 철썩이는 파도를 바라보면서 세상의 온갖 시름을 잊는 곳이기도 하다.

바닐라 농장

"안녕하세요. 내일 11시에 다시 와서 노니를 사겠습니다."

일주일에 한 번, 김동복(41) 씨는 마을을 돌아다니며 노니를 수거하러 오겠다고 알린다. 마을 사람들을 일일이 찾아다니면서 귀찮은 일을 자청하고 나선다. 얼마 되지 않지만, 현지 사람들에게 현금을 쥐어주기 위해서다.

"자를 땐 이렇게 자르시고 노니를 따서 부딪치지 않게 보관하세요."

상품 가치를 높이기 위해, 자세한 설명까지 덧붙이는 김동복 씨. 그는 남태평양의 섬나라 통가에서

남태평양의 아름다운 섬 통가

현지 사람들과 함께 땀 흘리는 젊은 농부다. 남태평양 중심에 위치한 통가. 약 170여 개의 섬으로 이뤄진 나라다. 통가라는 말은 원래 '남쪽' 을 의미한다. 사람이 살고 있는 섬은 40개 정도. 날짜변경선을 접하고 있는 통가에서는 세계에서 제일 먼저 뜨는 해를 볼 수 있다. 통가는 폴리네시아에서 유일한 군주국으로, 왕과 33명의 세습 귀족이 통치한다. 외국인이 국왕을 접견하려면 상당한 기부금을 내야 할 정도로, 국왕의 권력은 막강하다.

통가의 수도는 누쿠알로파. 인구는 10만 명. 거리를 지나는 사람들의 덩치를 보면, 거인 왕국이라는 별명이 실감난다. 실제 몸무게도 100kg이 넘는 사람이 허다하다. 또 통가의 전사들은 남태평양의 바이킹으로 비유되기도 했다. 그러나 치마를 입고 거리를 활보하는 모습에서 그런 호전성을 찾아보기는 힘들다. 그들은 치마 허리에 장식을 두르는데 그것은 국왕에 대한 존경을 나타낸다.

김동복 씨는 통가에서 바닐라 농장을 경영하는 농부다. 바닐라는 아이스크림이나 초콜릿 등을 통해서 흔히 접할 수 있다. 줄기처럼 생긴 바닐라콩을 삶고 말린 다음 원액을 추출해서 향신료로 쓴다. 때마침 통가는 올해의 마지막 바닐라 수확이 한창이다.

"초기에 열매를 구매해서 75도 정도의 물에서 3분을 삶아요. 그렇게 쪄내서 담요에 싸서 밀폐된 용기 속에 이틀을 재워요. 어떤 바닐라는

사자꼬리를 잡은 발칙한 생쥐이야기

일주일 정도 태양에 건조시키기도 하죠. 바닐라는 향이 중요하고 향이 날라가면 안 되니까 그때부터 그늘로 이동을 해요."

바닐라는 말리는 과정이 중요하다. 말리는 과정에서 등급이 정해지기 때문이다. 곰팡이 피해가 전혀 없으며 색이 검고 진할수록 상등품이다. 말리는 과정에서 갈라지거나 색이 갈색으로 변하면 향이 줄어서 질이 떨어진다. 최상급 바닐라는 1kg에 300달러를 호가한다. 통가에서 생산한 바닐라는 타히티 산 다음으로 품질이 좋다. 손이 많이 가고 힘든 작물이지만 그만큼 이윤도 크다. 조금 있으면 바닐라 콜라가 나온다는 소식이 있어 수요는 더 늘어날 전망이다.

김동복 씨는 6개월 동안 고생한 결과물, 바닐라를 포장한다. 여름에 태풍 피해가 있었지만 작황이 그리 나쁜 편은 아니다.

"이렇게 해서 20kg이 되면 비닐로 싸서 박스에 포장을 해요. 제품 자체가 향신료이다 보니까 향기 관리가 중요해요. 때문에 포장 기술이 곧 향기 관리인 셈이죠."

통가의 연간 바닐라 생산량은 약 18톤. 이 중 김동복 씨는 3톤 정도를 생산하고 있다. 통가 산 바닐라는 대부분 일본으로 수출된다. 여기에 김동복 씨의 바닐라도 포함된다. 가끔 현지인들이 김동복 씨에게 자신들이 키운 바닐라를 사달라고 직접 찾아오곤 한다. 그렇다고 모두 사 줄 수는 없다. 우선적으로 품질이 좋아야 한다. 바닐라 자체가 고가의 제품이다 보니 품질에 관한 한 그는 아주 엄격하다. 현지인 한 사람이 바닐라를 들고 왔다. 그는 먼저 현지인의 의견부터 물어본다.

"얼마 원해요?"

"200달러."

"200달러?"

김동복 씨는 어이없는 표정이 된다. 제품 상태가 썩 훌륭하지 않기 때문이다. 득의만만하던 현지인이 그의 표정을 보더니 자세를 낮춘다.

"그럼 당신이 가격을 불러 봐요."

"200달러 주고는 못 사요. 만약 내가 산다면 1kg당 70달러."

"그럼 다 합해서 160달러? 150달러? 알았어요."

현지인은 김동복 씨의 말에 자신이 계산하고 자신이 좋다고 한다. 그런데 품질이 영 마음에 걸린다. 마음 약한 김동복 씨가 망설이는 사이 그의 농산물 가공회사에서 바닐라를 담당하는 김정수 씨가 끼어든다. 그는 단호하게 거절한다.

"미안해요. 다음에 거래해요."

역시 건조상태가 문제였다. 무안해 하는 현지인에게 김동복 씨는 미안한 듯 따뜻하게 말한다.

"아직 덜 말랐어요. 만약 더 말린다면 무게가 20kg 덜 나갈 것 같아요. 다른 회사에 가서 팔 때도 마찬가지예요. 이것보다 더 건조해야 되거든요. 그래서 이번에는 못 사겠네요."

사자꼬리를 잡은 발칙한 생쥐이야기

조금만 더 있으면 값이 오를 걸 알지만, 당장 현금이 없어 기다릴 수 없는 처지의 사람들이다. 대형 작업장 외에, 자체적으로 가공해서 가져오는 바닐라는 아무래도 품질이 떨어진다.

바닐라는 흔한 향신료로 알려져 있지만 재배하기는 쉽지 않다. 재배 지역이 한정된 데다 줄기식물이라 키우기도 힘들다. 그만큼 고부가가치의 작물이기도 하다. 김동복 씨는 5년 전 12,000평의 땅을 임대해 10,000주가 넘는 바닐라를 심었다. 심은 지 2년이 지나야 열매가 열리기 시작한다. 재작년에 첫 수확을 한 김동복 씨에게 바닐라는 귀한 작물이기 전에 남다른 애정이 가는 작물이다.

"꽃 피는 시기가 되면 꽃을 사람 손으로 일일이 밀어 넣어 줘야 해요. 일종의 수정이죠. 그렇게 수정이 되면 이 자체가 열매가 되는 겁니다. 보통 길이가 18센티에서 25센티미터 정도. 색깔이 노랗게 될 때 열매를 따기 시작합니다."

끝없이 뻗어나가는 줄기의 방향과 위치만 잘 잡아주면, 줄기 당 7~8kg 정도의 바닐라를 얻을 수 있다. 하지만 가공과정에서 바닐라를 삶을 때 나는 김은 사람들에게 치명적인 알레르기를 유발한다. 김동복 씨 역시 이 알레르기를 피할 수 없었다.

"바닐라를 키우면서 알레르기는 꼭 한 번 거쳐야 될 과정이라고 그러더군요. 저는 한 번 걸려서 면역이 되니 괜찮아요. 지금도 치유가 돼 가고 있는 상태입니다. 처음엔 온 몸에 퍼져 차마 눈뜨고 볼 수 없는 지경이었어요."

바닐라 김이 피부에 닿으면 옻이 오르듯 가렵고 온 몸에 붉은 반점이 퍼지는 증상이 나타난다. 멋모르고 김이 나는 바닐라를 살펴보다 그의 피부가 김에 닿았다. 당연 피부반응이 나타났고 교포들 사이에서는 그가 에이즈에 걸렸다는 소문까지 났다. 지금도 완전히 낫지 않은 그의 바닐라 알레르기. 배 부분에는 아직도 그 흔적이 남아 있다.

"많이 피곤하다 보니까 회복이 좀 늦네요. 피부만 제대로 돌아오면 되요. 처음 김을 맞았을 때 현지 분들이 간호도 해주시고 신경 많이 써주었어요. 제가 회사 일에 매달리다 보니 치료가 좀 소홀했어요. 일단 알레르기에 노출되면 제일 먼저 소독을 해야 하는데 전 그걸 몰랐어요. 그런데 현지 분들이 소독도 해 주시고…. 그때 이곳 분들이 얼마나 착하고 좋은 사람들인가를 다시 한 번 느끼게 됐어요."

별 거 아니라고 생각하고 일만 하던 그를 병원에 데려간 것도 통가인 친구들이었다. 이제 거의 완치됐지만 바빠 일하다 보면 주의사항을 잊어버리기 일쑤다. 오늘도 그는 깜빡하고 실수를 했다. 바닐라를 만진 손으로 눈을 만진 것이다.

"바닐라를 만지고 들어오면서 피곤해서 눈을 좀 비볐어요. 비누가 없어 그냥 씻었더니 괜찮아요. 좀 있으면 괜찮아질 거예요."

이처럼 각별한 주의를 요하는 작물이 바닐라다. 그렇지만 그에겐 더없이 소중한 작물이기도 하다.

통가의 주말, 현지인들과의 교류

김동복 씨는 농작물 생산과 가공 일을 함께 한다. 때문에 함께 일하는 직원들의 수도 만만찮다. 물론 작물재배에 따른 직원은 상황에 따라 늘었다 줄었다 한다. 그는 함께 일하는 직원들의 급여를 일주일마다 준다. 경력과 일하는 날수에 따라서 조금씩 다르지만 일주일 일하면 평균 60,000원 정도씩을 받는다. 통가에서는 적잖은 돈이다. 그런데 직원들은 대부분 주말을 지나면서 다 써버리고 만다. 그만큼 현지인들의 삶에 대한 태도가 낙관적이라고 할까.

직원들에게 주급을 주고 외출준비를 한다. 들러야 할 곳이 있어서이다. 그가 가는 곳은 자신의 회사 매니저. 얼마 전 다리를 다쳐 일을 못하고 있는 그를 찾아간 김동복 씨는 생필품과 약간의 돈을 건넨다. 당장 벌이가 없는 처지가 딱해서다. 매니저는 몇 년을 함께 지내면서 믿어왔던 사람이다. 그런데 럭비를 하다 다리가 부러진 것이다. 김동복 씨는 매니저에게 짐짓 화를 내며 주의를 준다.

"제발 다음번에는 럭비하지 말아요. 럭비는 아주 위험한 운동이에요."

"이젠 더 이상 안 할 거예요."

"그래요, 하지 말아요. 매번 하지 말라고 제가 그랬잖아요. 이렇게 다치니까 일을 못해서 돈도 못 벌잖아요. 부인이 왜 지금 일을 해야겠어요? 제발요, 알았어요?"

매니저는 고개를 숙이며 미안한 표정이다. 김동복 씨는 그에게 다 나으면 다시 나오라고 위로를 한다. 그는 마치 형이 동생을 나무라듯 하면서도 따뜻한 위로를 건넨다.

주말 저녁, 날이 저물면 통가 사람들은 카바를 마시기 위해 모인다. 카바는 남태평양에 자생하는 식물로, 적당량을 먹으면 신경을 안정시키는 효과가 있다. 통가 사람들은 주말이면 카바로 만든 술을 마시면서 일주일 동안의 피로를 푼다. 사람들이 모인 자리에서 카바를 따르는 사람은 통가의 전통의상을 갖춰 입는다. 통가에서는 카바를 마시면서 마을의 대소사를 의논한다. 오늘은 모금행사를 겸해 사람들이 모였다. 이들은 모인 자리에서 노래를 부른다. 이들이 부르는 노래는 구전으로 전해진 자신들의 역사다. 바다에서의 모험담이나 신과 민족에 대

사자꼬리를 잡은 발칙한 생쥐이야기

한전설을 노래로 옮긴 것이다. 한 통가인은 카바와 함께 전통을 지켜가고 있다고 말한다.

"카바를 마시면서 사람들은 대개 이야기를 나누고 노래도 부릅니다. 춤을 출 수도 있고 재미있는 이야기를 들려줄 수도 있습니다. 자신이 하고 싶은 일을 하는 것이죠. 이렇게 해서 저희 전통적 습관을 지켜나가고 있습니다."

카바를 마시면서 마을의 대소사를 의논하는 중장년의 사람들과 달리 통가의 젊은이들은 좀더 활기찬 주말을 보낸다. 열정적으로 춤을 추는 것. 그들은 춤으로 말하고 대화한다. 춤은 통가인들에게 중요한 예술형식이다. 그들이 느끼는 감정은 춤의 몸짓을 통해서 흘러나온다.

통가는 철저한 기독교 국가다. 일요일이면 상점들은 모두 문을 닫는다. 모든 업무와 상행위가 금지되기 때문이다. 심지어 일요일에 한 계약은 아무런 효력이 없다. 일요일에 사람들이 모이는 곳은 교회뿐이다. 18세기 후반 기독교가 전해진 이래, 통가 사람들은 교회에서 예배를 드리면서 안식을 찾는다. 교회에서는 누구나 환영받는다.

일요일 대낮. 김동복 씨가 굳게 닫힌 가게 문을 두드린다. 그의 딸 지수가 과자를 먹고 싶다는 말에 몰래 가게를 찾은 것이다. 가게 주인인 김정수 씨는 조선족이다. 7년 전부터 통가에 들어온 조선족은 다해 봐야 열 명, 그 중 한명이다. 일요일에 물건을 팔았다는 사실이 알려지면 그도 곤란을 겪을 것이다. 지수에게 과자를 안겨 준 김정수 씨는 김동복 씨를 따라 그의 고추 농장으로 간다. 마침 고추가 필요해서다. 농장에 다다른 김정수 씨는 고추를 따는 대로 주머니에 넣는다. 누가 보기라도 하면 큰일이기 때문이다. 통가에서 일요일의 노동금지조항은 이렇게 엄격하다. 김정수 씨는 일요일의 노동금지 위반을 잘 알고 있다.

"법적으로 주일날은 모든 것이 금지되어 있습니다. 이렇게 고추 몇 개 따는 것, 서로 아는 사이라 과자 몇 개 판 것, 모든 것이 불법이죠. 누군가 신고를 하면 경찰이 데리고 가서 구치소에 가두어요. 밤 12시까지. 그리고 밤 12시가 넘으면 풀어줍니다."

그런데 일요일 저녁, 유일하게 불을 밝히는 상점이 있다. 빵집이다. 통가에서 유일하게 일요일의 영업을 허락한 곳이다. 저녁 9시까지만 영업을 하기 때문에 서둘러서 빵을 사려는 사람들로 가게 안은 장사진이다. 빵집은 오후 4시부터 9시까지 영업한다. 다른 가게들이 문을 열지 않는 일요일. 먹을 게 달리 없어서인지 일요일의 빵집은 늘 붐빈다. 그래도 통가 사람들의 생활방식은 느긋하기만 하다. 큰 덩치만큼이나 마음도 넉넉한 통가 사람들. 그들은 오늘 못하면 내일 하면 된다는 식의 생활에 익숙하다.

사자꼬리를 잡은 발칙한 생쥐이야기

사연을 담고 고추농사로 재도약

바다에 갈 때마다 김동복 씨는 처음 통가에 왔을 때를 생각한다. 통가에 정착하기 전, 그도 여느 사람들과 다름없는 회사원이었다. 물론 업무는 평범하지 않았다. 그의 업무는 세계 곳곳을 돌면서 농수산물을 싸게 구입해 본사로 보내는 일. 이런 일로 그가 통가에 처음 온 것은 1993년 12월. 남태평양에 지사를 세우라는 회사의 지시에 따라 피지를 거쳐 발을 내디뎠다. 그리고 우선적으로 해산물을 가공해서 가루로 만들어 보내는 일을 해야 했다. 일단 통가에 오긴 했지만 해산물을 가공하는 일은 쉽지 않았다. 현지인을 동원해 일을 해야 했기 때문이다.

"여기는 과거 영국령이었기 때문에 영국인, 프랑스인 호주사람들이 와서 작업을 하는 경우가 많았어요. 그런데 그 당시만 해도 동양인인 제가 작업을 하려니 커뮤니케이션이 잘 되지 않았어요. 일껏 일을 하

통가왕국의 치즈, 농산물 가공 수출업 _ 김동복

도록 모두 갖추어 놓아도 제가 동양인이다 보니 다른 데 가서 작업을 하고 있는 경우가 많았지요. 수고비도 선불로 주고 했지만 처음엔 돈도 많이 날렸어요.”

그는 우여곡절 속에 어렵게 채취한 해삼을 가루로 가공해서 한국으로 보냈다. 하지만 한국으로 보낸 해삼가루를 중간상인이 가로채어 갔다. 해삼가루도 돈도 공중에 떠버린 것이다. 대금을 받지 못한 그는 남태평양의 섬에서 오도 가도 못하는 처지가 되어 버렸다. 설상가상으로 때는 1997년 11월. 한국이 IMF의 어두운 그림자에 빠져있을 때였다.

농수산물을 가루로 가공해서 파는 회사에 근무하면서 그는 안 가본 곳이 없었다. 세계 곳곳을 돌면서 농수산물을 싸게 구입해 본사로 보내면서 꼼꼼한 일처리로 실력도 인정받았다. 하지만 한 번에 수천 톤씩 구매한 물건에 문제가 생기면 회사가 큰 손해를 보는 만큼 위험부담도 컸다. 해삼 가공으로 참담한 실패를 맛보고, 다시 통가에 들어온 그를 일으켜 세운 건 한국의 고추였다. 그는 고추 꽃을 볼 때마다 가슴이 두근거린다. 그리고 너무 예쁘단다.

“참 예쁘죠? 이 고추 꽃은 오늘의 저를 만든 은인이에요. 제가 원래 농작물 쪽 일을 하다보니 이곳 땅을 유심히 많이 봤어요. 자꾸 보

고추농사로 재기한 김동복 사장

사자꼬리를 잡은 발칙한 생쥐이야기

다보니까 뭐든 농사를 지으면 되겠구나 싶은 생각이 들더군요."

그가 유심히 본 땅은 오랜 풍화작용으로 산호가루가 쌓여 있었다. 또 산호가루 덕분에 물이 잘 빠지고 수풀을 거름 삼아 형성된 비옥한 땅이었다. 어떤 농사를 지어도 되겠다 싶었다. 그런데 왜 하필 고추농사였을까. 그리움 때문일 게다.

고향음식에 대한 그리움은 외국에 나가 사는 사람이라면 누구나 겪는 일이다. 한국 음식을 구하기 힘든 나라에서는 수북이 내놓는 김치만으로도 밥상이 푸짐해지지 않는가. 그래서 고추농사를 시작했다. 일 년 내내 따가운 햇볕이 내리쬐는 통가에서는 쉴 새 없이 고추가 열렸다. 한 그루에 100개 정도씩 열리는 셈. 고추가 붉게 익어서 일주일 내내 따고, 돌아서면 또 붉은 고추가 매달려 있는 형국이었다. 수확철도 따로 없이 8,000평의 땅에 심은 27,000그루의 고추나무를 건사하는 일도 쉽지 않았다. 그는 30여 명의 일꾼과 함께 아침부터 밤 8시까지 일을 했다. 마지막 기회라고 생각하고 매달린 고추농사였다.

"매일 농사일지를 적었어요. 언제 약주고 언제 따고 언제 꽃이 열리고 했는지를 일일이 기록한 거죠. 그렇게 열심히 고추농사를 하고 있는데 정부에서 사업설명회를 한 번 하자고 요청했어요. 저는 일

통가의 땅은 풍화작용으로 비옥하다

통가왕국의 치즈, 농산물 가공 수출업 _ 김동복

지를 들고 나가 일일이 설명했어요. 그랬더니 설명을 들은 모든 분들이 일어나 박수를 치더군요. 그때 저도 모르게 막 눈물이 쏟아지더군요. 내가 사업성을 가지고 이 나라 땅을 알기까지 그 때부터 여기 정부에 계신 분들이 절 도와주기 시작한 거예요.”

사업설명회 이후, 통가 사람들도 그의 고추 농사에 관심을 갖게 됐지만 모든 게 순탄하지만은 않았다. 고추 농사는 원래 사람 손이 많이 가는 일이다. 고추는 가지가 갈라지는 부분에 하나씩 열린다. 고추를 딸 때 가지를 부러뜨리면 더 이상 고추가 열리지 않는다. 그런데 거인 왕국이라 불릴 정도로 덩치가 큰 통가 사람들은 손도 덤벙 덤벙이었다. 좀 나을까 싶어 일꾼을 전부 여자로 바꿔보기도 했지만 마찬가지였다. 따는 것보다 부러지는 게 더 많았다. 고추 농장을 점점 넓혀서 현지인에게 불하하려던 계획도 포기하는 수밖에 없었다. 농사도 해본 사람이 한다고 몇 년 동안 고추밭에서 일한 일꾼들은 이제 제법 손놀림이 꼼꼼해졌다.

수확한 고추는 가루로 만들어 수출한다

“통가 사람들은 힘도 세고 덩치가 크다 보니까 고추를 따오라 그러면 따오는 것보다 부러지는 게 더 많아요. 그래도 지금은 많이 익숙해졌어요.”

그렇게 수확한 고추는 바로바로

사자꼬리를 잡은 발칙한 생쥐이야기

건조기에 넣어서 말린다. 그리고 가루를 만든다. 그의 고춧가루는 대부분 뉴질랜드로 수출한다. 통가와 뉴질랜드 사이에는 관세가 없기 때문에 한국에서 수출할 때보다 훨씬 좋은 값을 받을 수 있다. 그리고 말린 고추 중 일부는 한국인 선교사 백운필 씨에게 준다. 당장 팔면 돈이 되는 물건이기 때문이다. 백운필 씨에게는 귀한 물건이고 또 그런 배려를 해 주는 김동복 씨가 고맙기만 하다. 태권도를 가르치는 선교사 백운필 씨의 꿈은 언젠가 제자들이 올림픽에서 좋은 성적을 거두는 것이다. 비록 통가 사람들이지만 한국의 매운 고추 맛을 안 이상 불가능한 일도 아닐 것이다.

통가왕국의 치즈, 농산물 가공 수출업 _ 김동복

도움을 아끼지 않는 통가 사람들

통가는 남태평양의 여러 국가 중에서도 교육열이 높은 편이다. 올해 4학년인 김동복 씨의 딸 지수는 학교에서 영어로 수업을 받는다. 통가에서는 학교의 모든 수업이 영어로 진행된다. 학교에서 통가어를 쓰면 벌금을 물 정도로 엄격하다. 학생 수도 한 반에 20명 남짓. 쾌적한 분위기로 공부할 수 있는 요건들을 갖추고 있다. 현재 통가의 문맹률은 7%정도. 높은 교육열을 반영할 때 곧 문맹률 제로시대가 도래할 것으로 보인다. 그리고 통가는 대가족제라 형제가 일곱 여덟은 보통이다. 그렇다 해도 교육만큼은 등한시 하지 않는다. 그래서 집집마다 호주나 뉴질랜드로 유학 간 형제가 하나씩은 있을 정도로 교육에 열성이다. 이런 교육열은 어쩌면 미래의 세계 주역을 꿈꾸는 남태평양의 작은 나라 통가의 비전일지도 모른다.

사자꼬리를 잡은 발칙한 생쥐이야기

오늘은 김동복 씨 집에 손님이 오기로 한 날이다. 그래서 통가에서
는 맛보기 힘든 한국 요리준비로 집안이 분주하다. 통가에 온지 1년
만에 1,000여 명의 손님을 치렀다는 부인의 요리솜씨는 보통을 뛰어
넘는다. 이런 노력 때문인지 김동복 씨의 집은 민간외교의 장이라 해
도 손색이 없다.

오늘 초대된 손님은 사이몬과 마리오. 사이몬은 통가의 상공부차관
이다. 평민출신으로 자수성가한 사이몬은 처음으로 김동복 씨를 믿고
일을 맡겼던 사람이다. 마리오는 통가의 노동부차관. 그는 통가의 전
통적인 귀족출신이다.

"생각보다 김치, 맛있게 담근 것 같지 않아요?"

김동복 씨의 부인은 김치를 꺼내며 밝게 웃는다. 그사이 먼저 집안
에 들어선 마리오는 벌써부터 입이 쫙 벌어진다.

"음~, 냄새가 좋군요."

손님을 맞은 김동복 씨는 사이몬이 올 때까지 마리오와 대화를 나눈다.

"오늘 하루 종일 차타고 농장을 돌아봤어요."

"일 많이 했어요? 난 회의하고 오는 길이에요. 회의가 너무 많아요.
하지만 맛있는 음식 냄새가 나면 전 행복해요. 특히 김치요."

"그래요?"

김동복 씨가 즐겁게 웃는다. 그때 사이몬이 도착했다. 이들은 모두
고추 농사를 계기로 맺은 인연이다. 이들의 맛있는 저녁식사가 시작되

었다. 식사를 하면서 아직 미혼인 마리오의 거취가 화제에 올랐다. 귀족 출신에다 깐깐한 그는 늘 자기 같은 사람이 잘 해야 이 나라가 부패하지 않는다는 얘기를 한다. 천혜의 자연환경을 가진 나라답게 공무원이 깨끗해야 더 잘사는 나라를 만들 수 있다는 말이다.

누쿠알로파는 워낙 작은 도시라 저녁 시간을 보낼 데가 마땅치 않다. 때문에 이들은 술이 마시고 싶거나 한국 음식이 먹고 싶으면 김동복 씨 집으로 온다. 그러다 보니 어느새 젓가락질도 제법 하게 됐다. 그런데 자주 드나드는 사이몬의 젓가락질이 더 서툴다. 결국 사이몬은 젓가락 대신 포크를 집어 든다. 김치는 이들 모두에게 인기 메뉴다. 강한 양념을 하지 않는 통가 음식에 비해 자극적일 텐데도, 사양하는 법이 없다. 그때 뒤늦게 데리따가 들어온다. 그 역시 김치를 좋아하는 건 예외가 아니다. 그들은 모두 "I like 김치!"를 외친다. 데리따는 통가의 모든 인허가와 관련된 일을 하고 있다.

이들은 모두 김동복 씨의 성실함을 믿고 일을 맡겨준 사람들이다. 사이몬은 김동복 씨가 자국의 경제에 도움을 준 것을 고맙게 생각하고 있다. 때문에 김동복 씨의 사업에 지원은 물론 마케팅까지 돕는다고 한다.

"김동복 씨는 우리나라에 와서 노니와 고춧가루 사업에 투자하면서 경제에 도움을 줬습니다. 이번에 그는 통가에서 가장 큰 부분을 차지하는 호박과 바닐라 사업에도 참여하게 되었습니다. 통가 정부에서는

사자꼬리를 잡은 발칙한 생쥐이야기

그의 사업이 이제까지 아주 잘되어 왔다고 보고 이 사업을 할 수 있도록 적극적으로 지원해주고 있으며 마케팅도 돕고 있습니다."

정부 관료들까지 나서서 사업을 지원하고 마케팅을 돕는 김동복 씨의 농산물 가공사업. 이렇게 되기까지 일에 대한 김동복 씨의 성실한 노력이 뒷받침 되었다. 또한 인간적인 순수한 유대관계는 남태평양의 작은 섬, 통가인에게 한국 김치를 애호하게 만들었다.

통가의 풍물들

통가에는 마을 마다 묘지와 교회가 꼭 있다. 17세기 초부터 유럽인과 접촉한 통가인들은 순순히 기독교를 받아들였고 기독교적 원리에 따른 생활을 하고 있다. 특이한 것은 한때 통가인들의 재산목록 1호가 돼지였다는 것. 때문에 통가의 돼지는 길거리에서도 위세가 당당하다. 우리에 가둬놓고 키우는 것도 찾아보기 힘들다.

바닷가에서도 돼지는 흔히 볼 수 있다. 돼지들은 갯벌을 뒤져 조개를 파먹는다. 사람보다 돼지가 더 많은 마을도 있다. 한가롭고 여유롭게 바닷가를 거니는 돼지들은 여느 나라의 애완견처럼 보인다.

플라잉 폭스는 통가에 널리 퍼져 있는 대형 박쥐다. 플라잉 폭스는 생김새와 달리 식용박쥐로서 맛이 좋은데 남획을 막으려고 식용을 금하면서 그 수가 급격히 늘어났다.

사자꼬리를 잡은 발칙한 생쥐이야기

요즘은 통가 사람들에게도 바쁜 농사철이다. 주식인 얌이나 타로, 카사바를 심는 시기이기 때문이다. 통가의 땅은 모두 왕실 소유다. 귀족들의 관리 하에 일반인에게 할당되는데, 16세 이상의 남자들은 일정한 토지를 소유할 수 있다. 워낙 땅이 비옥하다 보니 농사짓는 방법도 간단하다. 땅을 파고, 얌이나 타로를 놓고서 흙만 덮으면 끝이다.

뿌리식물이라 김을 맬 필요도 없다. 내년에 다시 그 자리에서 캐내면 된다. 얌은 10개월, 타로는 3개월이면 수확할 수 있다. 나머지는 그 자리에서 태워버린다. 재를 거름 삼아 한 해 농사가 시작되는 것이다.

통가인들의 생활에서 코코넛은 매우 중요하다. 어려운 시기, 코코넛을 먹고 굶주림을 면했던 이들은 밭을 개간할 때도 코코넛 나무는 뽑지 않고 그냥 남겨둔다. 통가인들은 큰 덩치에도 불구하고 나무를 타는 동작만은 잽싸다. 코코넛 즙은 물론 하얀 과육, 심지어 껍질까지 버리는 게 하나도 없다. 통가인들의 몸집이 유달리 큰 건, 이들이 즐겨 먹는 코코넛 소스 때문이라는 연구결과도 있다.

극소수의 사람들이긴 하지만 통가인들에게 색다른 먹거리가 있다. 바로 한국의 고추. 김동복 씨의 농장에서 일하는 바이의 집에도 고추가 있다. 얌, 카사바, 코코넛 등 고유의 먹거리들과 함께, 유난히 눈에 띄는 붉은 고추. 별다른 양념도 없이 거의 자연 그대로 먹는 통가 음식에 비하면 한국 고추의 매운 맛은 아주 자극적이다. 이들은 나름대로

고추를 먹는 방법도 개발했다. 고추와 양파, 베이킹 소다를 섞고 물을
부어서 한 달 동안 놔뒀다 먹는 것. 한국의 고추를 먹는 이들에게 맛이
어떠냐고 물으면 답은 한결같다.

"It's good!"

사자꼬리를 잡은 발칙한 생쥐이야기

노니와 호박

노니는 통가에서 흔히 볼 수 있는 나무다. 통가에서 나는 것치고 노니가 안 들어 간 게 없다고 할 정도다. 마을 어디에나 노니 나무가 자라고 있다. 열매는 남태평양의 만병통치약으로 통한다. 통가에서 유일한 종합대학에 다닌다는 두 여학생은 학비에 보태려고 김동복 씨의 농장에 일일 아르바이트로 나섰다. 김동복 씨는 통가인들에게서 산 노니를 가루로 만들어서 수출한다. kg당 40센트. 노니를 가져오면 평균 20달러씩은 받아간다. 남편들의 하루 일당이 15달러인 걸 생각해 보면 적지 않은 돈이다. 마을 아낙들은 줄지어 노니를 가져오기 바쁘다. 그리고 돈을 손에 쥐어주면 용돈벌이에 만족스런 표정이다. 그런데 한 명은 다른 걸 가져왔다.

"2 dollars, 2 dollars!"

노니는 마을 사람들이 현금을 만질 수 있는 작물이다

2달러를 외치며 건네는 물건은 어린아이 머리만한 사과다. 김동복 씨는 웃으며 이것을 받아든다.

"인도사과입니다. 맛이 아주 특이하고 맛있어요. 가끔 이런 게 한 번씩 나오는데 2불을 달라 그러는데…, 2불 주고 사야죠."

마을 사람들은 김동복 씨가 노니를 산다는 말에 끊임없이 가져온다. 하지만 김동복 씨 농장의 기계가 하루에 처리할 수 있는 물량은 3톤 정도. 그들은 손에 현금이 쥐어진다는 사실만 중요한지 노니를 따 오는 시와 때를 구분하지 않는다. 왜 그럴까.

"이게 이제 상당히 큰 돈이 됩니다. 우리가 고르고 하는 사이에도 계속 따가지고 와요. 한국 같으면 물량을 조절 할텐데 여기선 물량을 조절 못하고 계속 따가지고 오는 거예요. 이렇게 되면 나중에 다 버리게 됩니다. 그러면 마을 자체가 자기들 손해인데 아무래도 이런 게 남태평양인들의 특색인 것 같아요. 제가 보기에는."

익을 때까지 기다리지를 못하는 것이다. 농사만 짓는 이들에게 현금을 쥐어주는 것도 김동복 씨가 돕는 방법이다. 오늘은 끝이라는 말에도 아랑곳없이 노니를 가져오던 사람들은 김동복 씨가 떠나려고 하자 섭섭한 눈치다.

사자꼬리를 잡은 발칙한 생쥐이야기

노니를 가져오면 제일 먼저 세척을 한다. 노니는 보통 주스나 가루 형태로 가공하는데, 일본에서는 건강식품으로 환영받고 있다. 세척이 끝나면 얇게 썰어서 건조준비를 한다. 세척하고 말려서 가루로 만드는 과정까지, 한꺼번에 할 수 있는 가공설비를 갖춰 놓았다. 최근에는 노니가 당뇨에 좋다는 발표도 있었다. 일찍이 통가 원주민들도 노니를 태양에 말리거나 그대로 으깨서 약으로 써왔다.

건조과정을 거치면, 노니의 수분은 다 빠져나가고 영양분만 남는다. 이것을 가루로 만드는 것이다. 김동복 씨의 공장에서 쓰는 기계들은 모두 한국에서 가져온 것들이다. 이렇게 3단계를 거쳐 미세한 가루로 가공된 노니는 전량 일본으로 수출된다.

호박농사는 재작년에 처음 시작했다. 통가의 단호박은 워낙 맛이 좋기로 유명하고, 그만큼 상등급으로 분류된다. 통가에서 농부가 된지 7년. 언제나 수확을 앞두고서 느끼는 흐뭇함은 감출 수가 없다.

"호박농사를 처음 할 때 과연 성공할 수 있을까 고민을 많이 했는데 의외로 잘 된 것 같아요. 꽤 많은 수확이 나왔어요. 올해도 기대가 되요. 농산물이니까 아무래도 변수는 좀 있겠지만 아침에 호박밭

처음 시작한 호박농사는 의외로 성공적이다

무성하게 잘 자라는 농작물들

에 와서 둘러보면 밥 안 먹어도 배가 부릅니다."

김동복 씨 집에 일본 청년 해외협력대 소속의 젊은이들이 찾아왔다. 일본인 친구의 소개로 알게 된 이들은 통가의 환경에서 잘 자라는 농산물을 연구하고 있다. 통가 사람들이 가장 많이 재배하는 호박도 이런 연구로 개발한 품종이다. 젊은이들 중 도시히로가 선교사로 온 김정수 씨에게 무료이발을 청한다. 봉사하러 온 처지에, 한 푼이라도 아끼기 위해서다. 김정수 씨는 교회에서도 아이들의 머리를 곧잘 깎아주곤 한다. 군대에서 이발병이었던 실력을 발휘하는 것이다. 머리를 깎아 주는 김정수 씨는 통가의 이발비가 여간 비싼 게 아니란다.

"여기 사람들은 중국인 이발소에서 머리 깎고 하는 데 너무 비쌉니다. 보통 중국 사람들과 통가 사람들한테는 5달러씩 받는데 한국 사람과 일본 사람들은 15달러씩 받아요. 15달러 정도면 보통 일반 사람들 하루인건비입니다."

일본의 젊은이들은 무료이발을 하면서 고마움을 느낀다. 그들의 야무진 생활을 엿보면서 김동복 씨는 새삼 일본이라는 나라를 다시 보게 됐다.

사자꼬리를 잡은 발칙한 생쥐이야기

"제가 하는 모든 작물들, 일본으로 다 갑니다. 일본인들이 통가를 도와주는 것 같지만 사실은 자국인들의 생산기지를 이곳으로 옮겨 놓은 거나 다름없어요. 일본인들은 이런 농사를 하지 않으니 이곳에서 생산해서 일본인들이 저가에 자국민들한테 가져가는 거죠."

통가에서는 10월에 호박을 수확한다. 일본은 10월 초부터 2주 간격으로 네 번 배를 띄워서 통가의 호박을 수입해간다. 연간 통가 수출품의 60%를 차지하는 호박은 전량 일본행이다. 그렇다면 더 많이 생산해서 더 많이 수출할 수는 없는 일일까.

"소위 말해서 한 나라 국민 전체가 이 시기에 호박을 다 먹어요. 솔직히 여기서는 2모작도 가능해요. 그러나 배를 띄우는 시기가 그 시기밖에 안 되기 때문에 1모작 밖에 못하는 겁니다."

첫 호박 농사는 물론 작년에도 김동복 씨의 호박농사는 잘 된 편이다. 다른 호박밭이 피해를 입은 바이러스를 용케 피할 수 있었기 때문이다. 하마터면 수확 철에 큰 낭패를 볼 뻔했다. 일본에서 재배기술을 배워온 통가인 매니저 파투아이카 덕분이다. 농사라는 게, 현지인의 도움 없이는 힘든 일이다. 그는 호박농사에 많은 관심과 신경을 쏟고 있다.

"호박농사에서 가장 큰 문제는 트랙터 같은 장비가 많지 않다는 겁니다. 다른 사람들한테 빌릴 수가 없기 때문에 우리가 직접 구입해서 사용을 해야 하거든요."

호박농사를 하면서는 적절한 시기에 트랙터가 필요하다. 김동복 씨에게도 트랙터가 있지만 부족한 실정이다. 더 필요하면 빌려 써야 하는데 빌려 쓸 때는 시간당 많은 돈을 주어야 한다. 호박이라는 농사가 트랙터 없이는 불가능하다. 땅을 갈고 이랑을 만들어 줘야 하는데 그렇게 하지 못하면 바이러스가 왔을 때 심한 데미지를 입기 때문이다.

첫 호박농사에서 200여 톤의 수확을 했던 김동복 씨는 작년에 재배 면적을 세 배 정도 늘렸다. 물론 트랙터도 새로 구입했고 현지 일꾼도 더 많이 썼다. 농사를 지으려면 일손도 필요하지만 기술적으로도 땅을 잘 아는 사람들이 필요하다. 그래서 김동복 씨는 가급적 현지 일꾼을 더 많이 고용하려고 한다. 땅에서 얻은 이익의 일부는 이들에게 돌려줘야 한다고 생각하기 때문이다. 그것은 한국인들의 위상을 높이는 일이기도 하다.

통가의 한국인 농부의 계획

  통가는 외국인들의 투자를 적극 환영한다. 김동복 씨도 새로운 투자 계획을 세웠다. 통가 부근의 작은 섬 니우에에 관한 것이다. 니우에에서 온 모투푸후씨는 김동복 씨의 딸 지수에게 농담을 건넬 정도로 친해졌다. 이들은 바닐라 재배를 계기로 인연을 맺었다.

  김동복 씨는 니우에에 바닐라 농장을 건설하는 조건으로 5년 동안 니우에의 어업 독점권을 받았다. 농산물 수출로 통가 경제에 기여한 공을 인정받은 것이다. 통가, 사모아를 합한 것보다도 더 넓은 배타적 경제수역을 갖고 있는 니우에는 풍부한 해산자원을 갖고 있다. 통가에서 농산물 가공사업으로 성공한 한국인 농부. 그는 또다른 계획을 세우고 있다.

  "현재 제 목표 자체가 바닐라 농장을 100에이커 정도 조성하는 일이

통가 경제에 크게 이바지하고 있는 한국인 농부 김동복

에요. 그건 니우에에서 조성할 부분들이고 이곳 통가에서는 호박농장을 200에이커 정도 조성할 계획입니다. 아무래도 이 나라에 처음 들어왔을 때 시작은 수산물이었지만 지금은 제가 하고 있는 사업자체가 농산물이다 보니까 농산물 쪽으로 활성화시켜 나가고 싶고 앞으로 계획을 그렇게 가지고 있는데 제 생각에는 잘 될 것 같아요. 그리고 지금 가지고 있는 니우에 수산물 채취 허가권 같은 경우도 어떤 식으로든 활성화시켜 가지고 한국에 계신 분들이나 세계 각국에 계신 우리 동포들과 같이 좋은 일 만들어볼 수 있지 않겠나 생각해 봅니다."

한국인으로서의 자긍심이라 해야 할까. 김동복 씨가 말하는 앞으로의 계획에는 한국인의 긍지가 느껴진다. 비록 시작은 초라했지만 한 나라의 경제에 큰 이바지를 하고 있는 한국인 농부. 그가 택한 길은 절망의 끝이었고 그곳에서 또 다른 길을 보았다.

빈손으로 시작한 통가에서의 삶. 농부가 되면서 농작물을 싸게 사려고만 했던 장사꾼 시절이 부끄러워졌다. 이제 그는 농부들이 흘리는 땀의 가치를 알게 됐다. 그는 땅과 더불어 일하는 사람들과 함께 하는 사람으로 기억되고 싶은 통가의 한국인 농부다.

사자꼬리를 잡은 발칙한 생쥐이야기

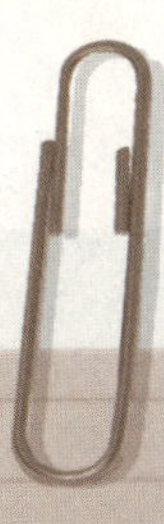

· 김동복이 성공한 이유

/ 절망의 끝에 서서 좌절하지 않고 새로운 길을
  선택했다
/ 현지인들에 대한 배려가 세심하고 그들과의
  인간적 유대가 돈독하다
/ 늘 농장에서 농부들과 함께 일한다
/ 새로운 작물 농사, 새로운 일의 탐색 등 끊임
  없이 노력한다
/ 현지의 농어업환경을 최대한 활용한다

통가왕국의 치즈, 농산물 가공 수출업 _ 김동복

이 기 영

'파파스' & '마마스' 사장

외식체인사업

'연 매출 500억 원대, 중국 외식업계의 마이더스 손'

중국
(창춘시)

중국 동북평원의 중부에 위치하고 있는 지린성(吉林省)의 중심도시로 정치, 경제, 문화의 중심지다. 더불어 자동차의 도시, 삼림의 도시, 영화의 도시, 과학기술의 도시, 북방의 곡창 등으로도 불리는 인구 686만 9천명의 도시다. 창춘 시는 연해개방도시와 같은 우대정책을 가지고 있는 중국의 종합화 개혁과 자본 우대화 구조의 실험도시이기도 하다. 창춘 시는 풍부한 자연자원, 좋은 지리적 위치, 편리한 교통, 거대한 시장 잠재력, 높은 수준의 인재, 좋은 투자 환경이 있어서 세계의 시선을 끌고 있다. 1998년 창춘시의 성장률을 11.5 % 였으며, 지금 장춘시는 독특한 산업구조와 잠재력을 가지고 빠른 속도로 발전하고 있다. 창춘은 일본 제국주의 시절에 만주국의 수도이기도 했다.

면적 : 18,881Km2 (경지 59%, 임야 17%, 기타 24%)

인구 : 686.87만명 (남 349.48만명, 여 337.39만명)

-총호수 : 182.85만호

-농업, 비농업인구 : 농업 410.14만명, 비농업 276.73만명

-시내 인구 : 282.69만명

-1인당 GDP : 8,887위엔

-근로자 월평균임금 : 약 700위엔

창춘 최고의 레스토랑 체인 '파파스'

중국 동부 지역의 중심 도시 창춘은 발전하는 속도 만큼 빠르게 대형 음식점 수가 늘어나고 있다. 그 수많은 음식점들 중 동북 지역 최고의 인기를 자랑하는 패밀리 레스토랑이 있다.

'파파스'.

아버지란 뜻의 파파스는 18개 체인에 연 매출 500억 원 대를 자랑하는 외식 사업체다. 이곳을 경영하는 사람은 한국인 이기영(49)씨. 김치와 불고기 등 한국 음식을 기본으로 하는 퓨전 요리가 전문이다. 맵고 짭짤한 이기영 식 한국 음식들이 8,000만원으로 시작한 '파

연매출 500억 원 대를 자랑하는 '파파스'

중국 창춘의 치즈, 외식체인사업 _ 이기영

파스'를 10년 만에 연 매출 500억 원 대, 창춘 최고의 레스토랑으로 만들었다. 더불어 한국인 이기영은 중국 외식사업계의 마이더스 손으로 떠올랐다.

전체 인구 약 700만 명. 시내 인구 300만 명에 육박하는 창춘도 여타 지역처럼 개방화 바람이 세다. 이 개방화 바람을 타고 창춘 사람들의 입맛을 공략하기 위해 세계적인 치킨 체인점과 햄버거 체인점이 들어섰다. 소리 없이 시작된 음식 전쟁에도 아랑곳하지 않는 파파스. 파파스의 아성은 그 어떤 세계적인 음식이 들어온다 해도 끄떡도 하지 않을 큰 산으로 자리 잡았다. 그러나 그는 여기에서 멈추지 않았다. 파파스의 성공을 발판으로 또 다른 도전에 나선 것이다. 그의 도전은 1998년에 개업한 '마마스'. 어머니란 뜻을 가진 이름이다.

파파스가 한국 음식의 중국식 퓨전 버전이었다면 마마스는 맵고 짭짤한 전통 한국 음식. 이곳에서는 김치, 깍두기, 불고기 등 한국의 맛을 고집스럽게 담아내고 있다. 때문에 재료도 모두 한국에서 공수해 온다. 이미 파파스의 아성에 길들여진 중국인들의 입맛. 마마스의 성공은 불투명했다. 그런데 의외의 변수가 작용했다. 음식의 유행에 민감한 중국인들의 호기심을 자극한 것. 그들은 새로운 맛, 전통 한국 음식에 매력을 느끼기 시작했다. 이기영 씨는 파파스에 이어 마마스까지 성공으로 이끌었다. 이쯤 되니 중국 외식 사업계의 마이더스 손이라는 그의 별칭은 결코 그냥 붙여진 것이 아님을 알 수 있다.

사자꼬리를 잡은 발칙한 생쥐이야기

외식 사업을 성공으로 이끈 이기영 씨의 음식에 대한 철학은 무엇일까. 그의 철학은 아주 간단하다.

"먼저 눈으로 먹고, 다음 코로 먹고, 그 다음 입으로 먹고!"

음식이라고 해서 그저 맛에만 치중하면 안 된다는 것이 그의 지론

주방에서 음식 맛을 확인하는 이기영 사장

이다. 보기 좋은 음식은 먹기에도 좋다 했던가. 거기다 냄새까지 좋아 식욕을 자극한다면 금상첨화가 아닌가. 평범하면서도 간단한 이 논리가 개방화, 서구화되고 있는 중국인들을 사로잡았다. 거기다 이기영 씨만의 특별한 경영 방식이 더해져 오늘의 파파스와 마마스를 있게 했다.

돈보다 사람경영이 우선이다
– '파파스'와 '마마스'의 성공 비결

이기영 씨는 함께 일하는 직원들을 가족처럼 생각한다. 그래서 월급도 다른 곳의 두 배, 각종 보험, 복지 등에 남다른 신경을 쏟고 있다. 직원들은 그를 아버지 같은 분이라고 입을 모은다. 주방 한 쪽에 둘러앉아 함께 밥을 먹고 작은 일상사까지 주고받는 사장. 사장과 직원이라는 거리감이 느껴지지 않을 만큼 상냥하고 다정한 모습은 기존의 상식을 여지없이 깨어버린다. 주방에서 일하는 한 종업원은 사장님이 창춘에서 제일 좋은 사람이라고 말한다.

"사장님은 식사를 하실 때도 우리가 먹고 남은 찌꺼기라도 '이거면 된다'고 하세요. 그럴 땐 가슴

주방에서 만큼은 엄격하고 치밀한 지도를 한다

사자꼬리를 잡은 발칙한 생쥐이야기

이 찡해요. 절대 '내가 사장인데' 하지 않아요. 우리는 정말 행복하게 여기서 일하며 한 집 식구같이 지내요. 싸움하고 이런 일도 없어요. 사장님이 잘 해주시고 오실 때마다 일하는 사람이라고 뭐라고 하지 않으시고 '밥 많이 먹었냐' 고 하세요. 제가 보기에 여기 창춘 시내에서 우리 사장님이 제일 좋은 것 같아요."

그러나 이기영 씨는 일에 있어서 만큼은 철저하고 엄격해 배울 점이 많다. 한 마디로 파파스와 마마스엔 가족 같은 따뜻한 정감이 흐른다. 이런 느낌, 이런 분위기를 손님들이 고스란히 느끼고 있다. 때문에 손님들도 이곳에 오면 사랑으로 가득한 분위기 속에 정성을 담아낸 음식 맛에 취하곤 한다.

그러나 파파스와 마마스의 가장 큰 특징은 철저한 자율 경영 제도다. 각 점의 지배인과 직원들이 자율적으로 매장을 이끌어 간다. 이런 경경 방식은 서로 간에 믿음의 기반이 크고 깊다는 증거다.

창춘의 파파스 3호점.

식전 댓바람부터 직원들이 매장 앞에서 단체로 춤을 추고 있다. 당연히 주변 사람들의 이목이 쏠린다. 누가 시킨 것도 아니다. 여기에는 자신들의 건강도 챙기고 손님도 끌겠다는 직원들의 자율적인 계산이 있다. 3호점 뿐만 아니다. 다른 매장의 직원들도 자율적으로 일하고 자율적인 경영을 한다. 매장의 분위기 조성에서 필요하다면 인테리어

사랑과 따뜻한 정감이 넘치는 파파스 전경

변경까지 지배인과 소속 직원들이 알아서 한다.

파파스와 마마스의 직원들은 대부분 20대 초반. 지배인은 19살, 20살, 21살 쯤부터 시작한다. 파파스 창춘 3호점의 지배인 리더린은 올해 24살. 20살 때부터 지배인을 했다.

"이곳 매장은 거의 제가 알아서 경영하고 있습니다. 외부의 일이나 종업원 관리, 내부 인테리어 등 모두 제 능력껏 알아서 하고 있어요."

한 마디로 파파스의 매장 하나하나가 젊은이들의 작은 경영 현장이다. 또한 젊은이들의 감각을 엿볼 수 있는 실험의 장이 되고 있다. 이기영 씨의 이런 경영 방식은 변화를 추구하는 중국 젊은이들의 기호에 적중했다.

젊은 기업 파파스는 분위기나 인테리어도 여타의 레스토랑과는 다르다. 특히 매장 분위기를 주도하는 DJ룸은 파파스의 상징이자 명물이 되었다. 창춘 3호점 입구의 물레방아는 한국적 분위기의 인테리어로 이색적이면서도 정감이 있다. 이런 모든 면면들은 창춘의 외식 문화를 단순히 '먹는 것'에서 '즐기는 것'으로 업그레이드 시켜놓았다. 톡톡 튀는 직원들의 젊은 감각까지 더해 색다른 외식 공간이 연출된 것이다. 여기에 음식의 맛에서 그치지 않고 먹는 재미를 더했다. 파파

사자꼬리를 잡은 발칙한 생쥐이야기

스의 음식들 대부분은 한국의 전통 음식에 중국인들의 입맛을 더한 것. 이것을 색다른 방식으로 담아 내 눈길을 끌었다.

파파스의 음식 맛에 반한 중국 여성들

그 하나의 예가 돼지고기 요리다. 한국에서는 불판에 고기를 구워 상추에 싸서 먹는다. 이것을 파파스에서는 넓은 접시에 꽃처럼 예쁘게 상추를 깔고 그 위에 고기를 한 점씩 얹어 먹기 좋게 세팅한다. 그리고 음식 가운데 간단히 먹는 방법을 꽂는다. 어떻게 싸서 먹으면 최고의 맛을 느낄 수 있는지 설명한 것이다.

이처럼 색다른 음식의 세팅은 젊은이들에게 큰 인기를 얻었다. 요즘은 단순히 먹기 위해 식당을 찾는 것이 아니다. 음식이 혀 끝에 닿기 전에 눈으로 즐기고 먹는 방법에 따른 재미도 더해야 한다. 이런 모든 노력들이 파파스를 빚 하나 없는 알짜 기업으로 만들었다. 알짜 기업은 그냥 만들어지는 것이 아니다. 돈보다 사람 경영을 우선했기에 가능했다.

이기영 씨는 언제나 진심 어린 마음으로 직원들을 대했다. 함께 일하며 생활하는 가족이라는 생각은 처음이나 지금이나 변함없다. 그래서 일에 있어서는 엄격하고 까다롭지만 일을 떠나면 자상한 아버지가 된다. 자신이 먼저 마음을 열고 상대에게 다가갈 때 상대도 마음을 연다. 그는 그렇게 한 발짝씩 다가갔다. 이것이 이기영 식 경영 스타일이다.

225

항상 초심을 지킨다

창춘 파파스 5호점.

이곳은 이기영 씨의 초심이 담겨있는 곳이다. 식당을 해 보겠다며 한국에 있는 작은 부동산을 담보로 8,000만원을 들여 얻었던 가게. 막상 가게를 얻어 놓고 보니 집 얻을 돈이 없었다. 그래서 이곳에서 먹고 자고 했다. 10년 전. 동고동락하며 함께 파파스를 키웠던 동료들과 그 흔적이 남아 있는 곳. 파파스 5호점은 이기영 씨에게 위안과 힘이 되는 곳이다. 때마침 파파스의 명물 뮤직 박스에서 잔잔한 음악과 함께 DJ의 메시지가 흘러나온다.

"사랑의 회사는 사랑의 멜로디를 온 세상에 연주할 것입니다. 한국에서, 중국에서, 캐나다에서, 미국에서 당신은 파파스와 마마스를 만나게 될 것입니다."

사자꼬리를 잡은 발칙한 생쥐이야기

파파스와 마마스의 원대한 꿈이
담긴 메시지다.

한 번도 외식업이라는 걸 해본 적
없는 사람들이 모여 연구에 연구를
거듭해 만든 파파스. 그 초심을 잃
지 않기 위해 이기영 씨는 이곳에
돌멩이 하나를 징표로 두었다.

파파스의 로고와 장식물

"제가 중국에 첫 발을 디딜 때 이 돌멩이 하나를 가지고 왔습니다.
깨지지 않고 싶은 결심, 변하고 싶지 않은 한국인. 그런 고집 때문이라
고 할까. 그 고집이 나 스스로를 지키는데 이 돌이 큰 힘이 될 것 같아
서 가지고 왔어요. 이 돌멩이를 땅 위에 놓고 거기 주저앉아서 혼자서
중얼거렸어요. 네 녀석이 깨지지 않으면 나도 깨지지 않고 나도 변하
지 않겠다…. 한국인의 절개? 아니 정신력과 끈기라고 할까. 그래서
가지고 들어왔는데 지금까지 나하고 같이 있어요."

그는 돌멩이를 만지며 처음의 기억을 떠올린다. 일을 하며 힘들거나
외로울 때, 돌멩이를 만지며 위안을 받고 돌멩이를 만지며 늘 처음의
마음으로 돌아간다. 그리고 다시 용기를 얻고 활력을 찾는다.

파파스 5호점의 DJ룸에서 부장 리송이 노래를 하고 있다. 리송은 파
파스 개업 당시 노래하는 아르바이트 직원이었다. 그러다 지금은 파파

스의 부장이 되었다. 이기영 씨가 한국에서 가져온 돌과 함께 리송 역시 고락을 함께 해 온 10년 지기다. 그 사이 8,000만 원으로 시작한 파파스는 창춘에서 세금을 가장 많이 내는 기업 중 하나가 되었다.

파파스 5호점의 지배인 국화도 파파스의 창업 멤버다. 처음엔 서빙을 했지만 지금은 이기영 씨의 초심이 담긴 매장의 지배인이 되었다. 국화는 지금도 10년 전의 기억을 잊지 못한다.

"리송과 사장님, 그리고 저. 우리 세 사람은 창업을 함께 한 사람들입니다. 오픈 과정의 어려움은 지금도 생생해요. 리송의 노래를 들으니 옛날 생각이 나고 눈물이 나요. 처음 오픈 할 때도 DJ룸이 있었어요. 그때는 그곳이 DJ룸이 아니라 사장님이 주무시는 장소였어요. 저희들은 그런 어려운 조건에서 지금까지 발전해 왔습니다."

홀로 아리랑을 부르는 리송의 노래를 들으며 국화가 눈물을 흘린다. 이기영 씨도 가슴이 찡하다. 함께 과거를 기억하며 눈물을 나누는 동료들. 이들은 이기영 씨가 교통사고로 3개월을 누워있을 때도 그 곁을 떠나지 않았다.

"병원 생활이 힘들잖아요. 대소변 받아주는 것이 힘든 일인데 직원들이 다 받아내고 제 곁에서 떠나지 않았어요. 어떤 친구는 병실 밖에서 잠을 자며 저를 지켜주었고 그런 기억들이…."

이기영 씨의 눈에도 눈물이 맺힌다. 이들은 사업적 동반자이기 전에 친구다.

사자꼬리를 잡은 발칙한 생쥐이야기

마음을 열고 진심을 나누며 친구를 만드는 것. 이기영 씨에게는 이 것이 바로 현지화였다. 세상은 그의 겉만 본다. 그래서 그에게 돈을 벌었다고 한다. 그러나 그는 10년 동안 사람을 얻었다고 생각한다.

늘 겸허한 자세, 늘 새로운 노력

이기영 씨가 창춘의 대규모 식당 '대아도'를 찾았다. 틈틈이 다른 식당을 찾아보는 것도 그에겐 중요한 일이다. 2년 전 개업한 대아도는 창춘에서 세 손가락 안에 꼽히는 규모다. 크기는 만 평, 테이블 1,000개, 종업원 수는 500명이 넘는다. 음식 종류 또한 수백 가지가 넘는다. 한 가지씩 먹어도 3대를 먹어야 모두 맛볼 수 있다는 중국 음식. 넓디 넓은 땅, 다양한 민족 구성 탓에 살아있는 것은 무엇이든 음식 재료로 쓰이고 지역마다 제각각 고유하고 독특한 맛을 지니고 있는 것이 중국 음식의 특징이다.

이 엄청난 음식 천국에서 무엇으

이웃 식당을 둘러보며 겸허한 자세를 잃지 않는다

사자꼬리를 잡은 발칙한 생쥐이야기

로, 어떻게 중국인들의 입맛을 사로잡을 것인가. 13억 중국인을 상대로 음식 장사를 하고 있는 이국인 이기영 씨가 긴장을 풀지 못하는 이유가 여기에 있다. 그렇다면 그는 왜 다른 식당을 찾아 둘러보는 것일까.

"이곳에 오면 좀 무서워요. 중국이 원래 음식 왕국인데 그 음식의 왕국에서 우리가 경쟁해 나간다고 하는 것은 어쩌면 계란으로 바위를 치는 싸움인지도 몰라요. 그래서 항상 여기를 오면 고개가 숙여지고 내가 어떻게 살아야 할 것인가 결심하게 되요."

그의 말처럼 계란으로 바위를 치는 싸움. 그래서 그는 살아남기 위해 끊임없이 배우고 겸허한 마음을 잃지 않으려 애쓴다. 이것이 엄청난 속도로 변화하고 있는 중국에서 그가 대처하는 또 다른 능력이다. 그는 이곳 대아도의 사장과도 친숙하게 지낸다. 경쟁업체라고 하지만 그들에게서 배우는 것이 더 많기 때문이다. 대아도의 사장은 이기영 씨의 이런 모습을 좋아한다. 또한 나름대로 이기영 씨의 성공적인 경영 관리에도 많은 관심을 갖고 있다.

"파파스의 성공 요인은 매우 선진적인 관리 시스템이 있었기 때문이라고 생각됩니다. 중국 사람들은 특히 음식 유행을 잘 따르지요. 물론 파파스의 요리도 훌륭하다고 생각합니다."

규모 면에서는 파파스에 비해 비교도 안될 만큼 크지만 대아도의 사장은 내심 한국인 이기영 씨의 경영 관리에 칭찬을 아끼지 않는다. 또 이렇게 종종 자신의 식당을 찾아와 자극받고 뭔가를 배우려는 이기영 씨에게 마음의 문을 열지 않을 수 없다.

창춘 도심 대로변의 '마마스'.

이기영 씨는 들어서자마자 주방부터 들린다. 개업 6년 째. 웬만큼 자리도 잡았지만 새로운 메뉴 개발에 매달리는 건 여전하다. 때마침 동동주를 개발했다. 얼마 전, 주방 직원들이 개발한 보리동동주다. 직원이 맛을 보라고 권한다.

"맛이 괜찮은데. 근데 좀 싸한 거 아냐?"

"손님들의 반응은 좋아요."

"그래?"

"한 번 마셔보신 손님이 이튿날 또 오셨대요. 다른 손님들도 그렇고…."

"그럼 성공이네. 오케이, 좋아! 그래도 싸한 맛은 좀 연하게 바꿨으면 좋겠어."

새로운 메뉴를 놓고 흉허물 없이 의견을 주고받는 모습. 더 이상 직원들과 사장 사이의 벽은 없다. 이곳 주방 직원들은 가능하면 조선족 동포를 고용한다. 마마스가 한식 중심이고 중국인들에 비해 손끝이 야무지기 때문이다. 이렇게 직원들과 허물없이 대화하고 생활하지만 이기영 씨가 그냥 넘어가지 못하는 한 가지가 있다. 음식에 관한 것이다. 그는 새로 개발한 붕어찜 요리를 들고 손님 테이블로 나가는 직원을

사자꼬리를 잡은 발칙한 **생쥐**이야기

붙잡는다.

"이대로 나가는 거야? 안되지, 이렇게 나가면. 국물이 위에 묻는 게 하나도 없는데…."

그는 잠시 고민에 빠진다.

"붕어찜은 뜨거운 음식이잖아. 여기에 새파란 채소를 놓으면 뜨거운 느낌이 하나도 없어. 차가운 느낌이 들어. 차라리 채소를 빼고 뜨거운 무 같은 거 있잖아. 음식이라고 하는 것은 입으로만 먹는 게 아니야. 먼저 눈으로 먹고 다음에 코로 먹는 거야. 향기가 좋아야 해. 무를 얹으니 어때? 뜨거운 느낌이 들지? 이러면 먹고 싶을 거야."

그는 홀로 나와 손님들의 반응을 본다. 직원이 친절한 설명과 함께 붕어찜을 갖다 놓는다.

"이 요리는 저희 마마스에서 새로 개발한 붕어찜이에요. 한 번 맛보세요."

옛말에 눈은 새로운 것을 원해도 입은 옛 맛에 끌린다고 했다. 붕어찜을 먹는 손님들을 보며 이기영 씨는 조금 긴장이 된다. 맛을 본 손님들이 엄지 손가락을 내어보인다. 다행히 반응이 좋다. 손님들은 기분 좋게 음식을 먹고 있다. 이들에게 마마스는 어떻게 비춰졌을까. 한 손님은 만족감 표시에 망설임이 없다.

"마마스와 파파스는 항상 사랑으로 가득 찬 회사라고 생각해요. 음식 맛이 매우 독특하고 저희들 입맛에 잘 맞아요. 영양도 풍부하고, 그래서 매우 만족합니다.”

곁에 있던 손님도 한마디 한다.

“마마스의 제일 큰 특색은 작은 부분에 대한 서비스라고 생각합니다. 물김치는 무로 만들어 소화에 도움을 주고 후식으로 나오는 쌍화차는 감기 예방에 좋죠. 저도 그렇지만 손님들이 자주 찾아오는 것 자체가 마마스의 인기를 말해주는 것 아니겠어요.”

굳이 손님들의 반응이 아니라 해도 파파스와 마마스는 성공이라는 이름표를 달기에 손색이 없다. 경쟁업체에서 겸허한 자세를 배우고 끝없이 노력하는 자세. 어쩌면 이것이 창춘 최고의 외식업체로 발돋움한 원동력이 아닐까.

사자꼬리를 잡은 발칙한 생쥐이야기

더불어 살며 나누며 산다

중국 외식업계의 마이더스 손. 연 매출 500억 원 대. 빚 하나 없는 알짜 기업의 사장 이기영 씨. 이쯤 되면 그의 성공 발판에는 넉넉한 재산, 좋은 환경이 있을 거라 생각하기 쉽다. 그러나 그의 과거는 너무나 초라하다.

그는 기억하기도 진저리날 만큼 가난한 집안에서 태어났다. 간신히 입학한 중학교도 마칠 수 없었다. 한량인 아버지는 경제 생활과는 무관했고 일곱 식구의 생계는 고스란히 어머니의 몫이었다. 장남이었던 그의 성장 과정이 순탄할 리 없었다.

"제게는 정상적인 공부를 할 수 있는 기회가 많지 않았어요. 제게 뭔가를 가르쳐 줄 선생님이 없었어요. 고생하면서 스스로 터득하며 살아야 했으니까요. 하지만 그런 환경이 제게는 다 스승이었어요."

또래 아이들이 학교 다닐 때, 장돌뱅이처럼 전국을 돌아다니며 문방구 도매업으로 돈을 벌었다. 그리고 스물 셋의 이른 나이에 결혼했다. 하지만 배우지 못한 열등감은 사라지지 않았다. 아니 배움에 대한 열정이 강하게 살아 있었다. 그래서 그는 자신의 인생을 바꾸게 될 중대 결심을 했다. 지난 1984년. 스물아홉의 나이에 가족을 두고 대만 유학 길에 오른 것. 거기서 고등학교 교과 과정부터 다시 시작했다. 그리고 창춘에서 중의대학까지 마쳤다.

"대체로 사람들은 자기에게 아픔이 있고 밝히기 싫은 치부가 있을 때 그것을 위장하게 되죠. 그 대부분의 방법이 거짓말이에요. 그런데 저는 한국에서 사회 생활을 할 당시 과거의 고통 속에서 배우지 못한 서러움이나 지나치게 찌든 가난…, 이런 것들을 위장하며 살았어요. 학력을 속이기도 하고 마치 내가 부잣집 아들인 것처럼 행동하기도 하고…"

생각하기 싫을 만도 한데 자신의 과거사를 솔직히 털어놓는 이기영 씨. 그는 자신이 가난했던 만큼 나누며 살고 싶어 한다. 나누며 산다는 것은 계획적으로 되는 것이 아니다. 또 계산도 할 수 없다. 그저 마음에서 우러나는 대로 나누고 마음이 가는 대로 실천하게 되는 것이 나누는 삶이다.

사자꼬리를 잡은 발칙한 생쥐이야기

이기영 씨가 돈을 버는 이유

/ 이익의 10%를 기부해 심장병 어린이의 수술을
　하기 위해
/ 불우한 환경의 아이들에게 장학금을 지원하기
　위해
/ 심장병 전문 병원 건립을 위해

창춘 시내에서 조금 떨어진 곳. 10여 년 전 우연히 알게 된 중국인 왕쯔셴의 집이 있다. 이기영 씨가 이곳을 찾을 때면 식구들이 버선발로 뛰어나와 반긴다. 왕쯔셴은 파파스에서 나오는 잔반으로 돼지를 키워 다시 파파스에 돼지고기를 납품한다. 지금 키우고 있는 돼지는 약 300여 마리. 적지 않은 재산이다. 하지만 10여 년 전, 이기영 씨가 왕쯔셴을 만날 때만 해도 지금과는 비교가 되지 않을 만큼 달랐다. 대학 시절 낚시터를 찾았다가 만났던 왕쯔셴 가족. 그때 그들이 가진 것이라곤 무너져가는 집 한 채가 전부였다. 왕쯔셴의 부인은 지금도 10여 년 전에 이기영 씨가 보여주었던 작은 온정을 잊지 못한다.

"중국에서는 이기영 씨 같은 지위의 사람들은 절대 저희들 같은 사람들의 집에 안 옵니다. 오는 걸 꺼려하거든요. 나는 당신을 처음 만났을 때, 라면 삶던 일을 영원히 잊지 못할 것 같아요. 오리 알도 2개 넣으셨지요. 커피도 갖고 오셨는데 그때 저는 처음으로 커피를 봤어요."

왕쯔셴의 부인은 늘 했던 말을 또 한다. 그러면 이기영 씨는 고개를 저으며 되려 자신이 도움을 받고 있다고 한다.

"나는 그래도 그때 밥이라도 먹고 있었으니까 그랬지. 그때 여기 왔을 때 아들이 계란 하나를 못 먹어봤다 하더라고. 그런 이야기를

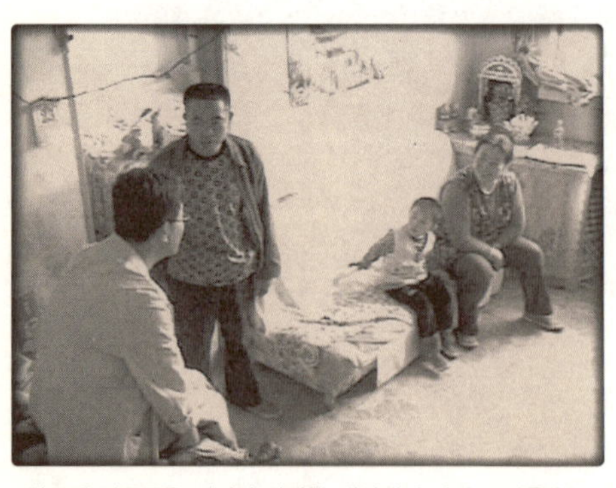

왕쯔셴 가족들은 이기영 사장을 세상에서 가장 고마운 분으로 꼽는다

사자꼬리를 잡은 발칙한 생쥐이야기

들으니 안됐다는 생각이 들어서…, 라면 같은 거, 뭐 다른 먹을 것도
있으면 같이 나눠먹은 거지. 도운 것도 아니지. 살면서 같이 사는 거지
도왔다고 하면 안 되지. 나도 지금 도움 받고 있고…."

이기영 씨의 말에 이번엔 왕쯔셴이 나선다. 그는 이기영 씨를 형님
이라 부른다.

"만약 형님이 어렵다면 제가 쓸 돈을 드릴 겁니다. 형님은 제가 말로
표현하지 못할 만큼 고마운 분이죠. 어떤 어려운 일이 있어도 저는 꼭
형님을 도울 겁니다. 양심이 있는 한 그렇게 해야죠."

어느 새 왕쯔셴 부인의 눈에 눈물이 고인다. 부인은 이기영 씨에게
사진을 달라고 한다.

"정말 말로 표현 못할 만큼 고맙게 생각해요. 사장님의 도움으로 저
희들은 식당도 하나 가지고 있어요. 사장님이 보고 싶을 때 볼 수 있게
사진 한 장 주세요. 저희들을 낳아 주신 부모님을 제외하고 이 세상에
서 제일 고마운 분이 사장님이십니다."

왕쯔셴 가족 역시 찌든 가난 속에 살았다. 돈이 필요해도 갚지 못할
것이 뻔해 아무도 빌려주지 않던 시절. 먹을 것이 생기면 챙겨들고 찾
아오던 이기영 씨. 이들 가족에게 이기영 씨는 복덩이다. 또한 가족 그
이상의 의미로 자리하고 있다.

이른 아침의 파파스. 이기영 씨가 사무실에 들어서자 손님이 기다리

고 있다. 1년 전, 심장병 수술을 받았던 부녀가 의사와 함께 찾아 온 것이다.

"원장님 안녕하세요. 기다리게 해서 죄송합니다."

서둘러 인사를 나누고 그는 곁에 있는 아빠와 함께 온 어린 소녀에게도 인사를 건넨다.

"모모 왔어? 많이 컸구나. 왜 대답이 없어? 아빠 안녕하세요, 해야지. 아직도 말하는 걸 싫어하네."

이기영 씨는 의사와 부모에게 모모의 건강을 체크한다. 다행히 아무 문제없고 건강하단다.

수술 당시 모모는 12살을 넘길 수 없다고 했다. 이 사장은 수술비 3만 위엔, 우리 돈 450만 원 정도를 흔쾌히 내놓았다. 다른 곳에 비해 많이 받는 파파스 종업원 월급이 18만 원 정도니 450만 원은 큰 돈이다. 의사와 부녀는 이기영 씨에게 고마운 마음을 전하기 위해 감사패를 만들어 왔다. 모모의 아버지 옌즈준은 지금도 이기영 씨에 대한 고마움을 잊지 못한다. 어쩌면 왕쯔센 가족들처럼 영원히 잊지 못할 것이다. 그는 감사의 마음을 이렇게 전한다.

"마음이 굉장히 기쁩니다. 딸의 병 때문에 집의 가산을 다 팔았어요. 와이프도 이 일 때문에 저하고 이혼까지 했어요. 할 수 없이 저는 딸을 데리고 여러 곳에 가서 도움을 청했습니다. 그러나 쉽지 않았습니다. 그런데 이렇게 도움을 받았어요. 말로 어떻게 표현해야 할지…. 아무

튼 이 사장님과 원장님의 도움이 없었으면 제 딸의 오늘도 없죠."

감사패를 받은 이기영 씨. 또 한 명의 자식을 얻었다. 그는 그동안 사업을 해서 버는 돈의 10%를 기부해 30명의 아이들에게 심장병 수술을 시켜주었다. 중국 아이, 조선족 아이, 남자 아이, 여자 아이…. 그를 아버지라 부르는 아이들이 보내온 편지만 200통이 넘는다. 모두 한글로 쓴 편지들이다. 가슴에 커다란 흉터를 가진 아이들. 아니 그의 자식들. 이기영 씨는 이 아이들에게 장학금을 지원하며 일년에 한 번씩 모임을 갖고 있다. 이것이 그가 돈을 버는 첫 번째 이유다.

창춘에서 두 시간, 황량한 사막이 펼쳐지는 내몽고 초입.

7년 전 심장병 수술을 받은 한자린이 집에서 제법 먼 거리임에도 길에 나와 이기영 씨를 반긴다. 이사를 했다며 이기영 씨를 초대한 것이다. 한자린은 이제 건장한 청년이 다 되었다. 집에 들어서자 한자린의 부모 역시 아들 만큼 이기영 씨를 반긴다. 여전히 어려운 살림이지만 한자린의 집안 분위기는 180도 달라졌다. 집안에 들어서 차를 마시는데 한자린이 성적표와 상장을 들이민다. 이번 학기에 공부를 잘해서 장학금을 받았단다.

처음 만났을 때 한자린은 12살이었다. 백짓장처럼 하얀 얼굴, 1미터 남짓밖에 되지 않았던 키. 그리고 한자린 아버지의 얼굴에 드리워 있던 깊은 절망. 한자린은 이기영 씨의 17번째 자식이 되었다. 한자린은 이기영 씨에게 영원히 같이 있겠다는 약속을 곧잘 한다.

"영원히 같이 있겠어요."

"너, 지금 거짓말 하는 거지?"

"어떻게 제가 거짓말을 한다고 생각하세요?"

"야, 지금은 영원히 같이 있겠다고 말해도 나중에 여자 친구가 생기면 날 잊겠지."

"아니라니까요!"

장난치며 웃으며 마냥 기분이 좋은 한자린. 방학 때가 되면 어김없이 파파스를 찾아와 설거지도 하고 식당 청소도 한다. 한자린은 대학도 창춘으로 가서 이 사장에게 도움을 주고 싶다고 한다. 이기영 씨에겐 참 이쁜 아들이다.

한자린의 아버지가 이기영 씨를 대접하기 위해 닭장으로 간다. 없는 살림에 집에서 키우는 닭이라도 잡아 대접하고 싶은 것이다. 하지만 닭 한 마리도 이들에겐 소중한 재산이다. 이를 본 이기영 씨가 만류에 나섰다.

"그 닭, 아직 알을 낳는데 잡지 말아요."

"괜찮아요."

"아니 안돼요. 잡지 말아요."

한사코 만류하는 이기영 씨를 한자린의 온 가족들이 나나서 말린다. 한자린의 부모는 아껴오던 씨암탉을 결국 잡고야 만다. 요리를 하는

사자꼬리를 잡은 발칙한 생쥐이야기

사이 한자린이 단맛이 들었다며 사탕수수를 꺾어 건넨다. 무엇이든 주
고 싶은 사람. 이기영 씨에게 한자린이, 한자린에게 이기영 씨가 그런
사람이다. 그래서 이기영 씨는 더 못 주는 것이 미안하다. 그는 한자린
의 집이 조금 더 잘 살았으면 싶다. 그래도 예전과 달리 집안 분위기가
밝고 명랑하게 사는 모습을 보니 기분은 좋다.

　이기영 씨의 도움으로 다시 태어난 한자린은 이제 낙천적으로 살아
가는 청년이 되었다.

　"8년 전의 황혼과 오늘의 황혼은 다 같이 아름답지만 그때는 마음이
매우 답답했어요. 그땐 제가 언제까지 살까, 하면서 삶에 굉장히 비관
적이었어요. 아무리 아름다운 경치를 보더라도 별로였어요. 하지만 지
금은 삶에 대해 낙관적인 태도를 가지게 되었고 어떤 사물을 봐도 아
름답게 보여요."

　건강하게 자란 한자린의 소감은 의외로 시적이다. 비록 가진 것 없
지만 무엇이든 이기영 씨에게 주고 싶어 하는 한자린과 그의 가족들.
되로 주고 말로 받는 것. 그것이 사랑이다.

꿈을 키우며 늘 다시 시작하는 마음으로

엘리베이터도 없는 6층의 아파트. 직원들 숙소와 이기영 씨의 월세 방이 있는 곳이다. 못 배운 한을 풀겠다고 시작한 생활. 여기까지 오는 데 근 20년이 걸렸다. 이젠 혼자 문을 열고 들어가는 적막함에 익숙할 법도 한데 그것도 쉽지 않다.

10평 남짓한 그의 집에는 문마다 주먹 자국이다. 사업을 시작하면서, 이방인에게 까다로운 중국 정부와 부딪치며 속상한 일이 있을 때마다 분을 못 삭여 만든 것들이다. 그럼에도 그를 버티게 만든 건 만주 벌판에 한국 혼을 심는 '현대판 독립군'이 되리라는 처음의 결심과 한국에서 자신을 기다리는 세 딸이었다. 그는 군복 대신 청바지를, 총칼 대신 포크와 숟가락을 선택한 신 독립군이다.

사자꼬리를 잡은 발칙한 생쥐이야기

이기영 씨는 사업을 하며 바쁜 와중에 공부까지 했다. 쉰이 가까운 나이에 공부라니. 그가 공부한 것은 중의대 한의학과 박사 과정. 남들은 돈도 벌고 성공한 사람이 중의학은 왜 하냐고들 한다. 그것은 꿈 때문이다. 병원을 짓는 꿈.

그는 한의사가 되기 위해 대학에서 실습하던 중 선천성 심장병 어린이들을 만났다. 수술만 하면 되는 것을 돈이 없어 맥없이 숨이 끊어지는 아이들을 보며 그들의 아빠가 되어 주고 싶다는 생각을 했다. 그러나 자신은 그 아이들을 위해 아무 것도 해줄 것이 없었다. 그것은 점차 고통이 되었고 급기야 돈을 벌어야겠다는 생각을 했다. 돈을 벌어 병원도 짓고 심장병 어린이를 구하리라 굳게 결심했다. 그런데 어떻게 돈을 번단 말인가. 그때 막연히 떠오른 것이 식당이었다. 식당을 해서 돈을 벌면 아이들을 구할 수 있겠다는 생각. 그래서 무작정 식당을 시작했고 돈을 벌었다. 그리고 그는 처음의 다짐대로 심장병 어린이들을 하나씩 구해나가고 있다. 더불어 병원을 짓겠다는 결심의 길도 열렸다.

'애광 중서의 종합병원'.

이기영 씨가 5년을 준비해 문을 연 병원이다. 이곳 병원은 두 의사가 함께 진료를 한다. 한 명은 서양의학을 전공한 의사, 한 명은 중의학을 전공한 의사다. 이 병원 인가

오랜만에 중의대 교수와 담소를 나누는 시간

를 받으려 그는 3년을 공들이고 노심초사했다. 병원 시절은 최고급. 로고는 그의 철학을 담은 하트 두개.

"내가 생각해서 만든 거예요. 작은 하트, 큰 하트. 있는 사람과 없는 사람의 관계. 권력이 있는 사람과 없는 사람의 관계. 높은 사람과 낮은 사람의 관계. 그 모두를 다 포괄하고 있는 거죠. 그런 사람들의 사랑의 결합체라고 할까. 그런 의미에서 좀더 사람들에게 사랑을 전파하고 사랑이 있는 병원으로 만들자는 생각에서 그렇게 했어요."

병원은 이제 시작에 불과하다. 머잖아 이곳에 심장병 전문병원까지 세울 야심찬 계획을 세우고 있는 한국인 이기영. 그는 한국인의 이름으로 대륙을 감동시킨 사람이다. 끊임없이 자신을 채찍질하며 열심히 돈을 벌고, 또 열심히 돈을 쓸 것이다. 그러기에 그에게는 모든 일들이 계속해서 시작이다. 진행되는 과정도 언제나 시작이고 결과에 와서도 다시 시작이다.

13억 인구, 식당 대국 중국에서 식당 왕이 된 한국인 이기영. 그의 일과 성공은 여기가 끝이 아니다. 식품 가공사업, 패션 의류사업 등으로 다시 중국인과 하나가 될 것이다. 또 13억을 경영하는 중국의 리더가 될 것이다.

사자꼬리를 잡은 발칙한 생쥐이야기

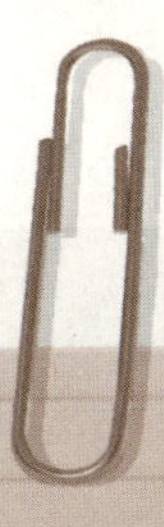

· 이기영이 성공한 3가지 이유

/ 돈보다 사람 경영을 우선으로 한다.
/ 파격적인 책임관리제 도입으로 자율성을 높
인다
/ 얻은 만큼 베풀고 실천하며 산다

· 중국 지린성 창춘의 또 다른 틈새시장

/ 음료수, 야생 자연식품가공업. 자동차 부품
사업
안경사업. 의약품유통업. 연극, 콘서트 등의
문화공연사업 등

안 영 호

'UBM' 회장

청소대행업

'탱크처럼 일하는 스마일 맨의 성공신화'

미 국
(댈러스)

텍사스 주 북동쪽에 있는 댈러스는 1870년대의 철도 개통과 함께 농목업(農牧業) 거래의 중심지로서 발달했으나 1930년 석유가 발견되면서 상업도시로 급성장했다. 1963년 11월 22일 존 F 케네디가 이곳에서 암살되면서 유명해졌다. 세계적으로 알려진 관광지는 없지만 서부 개척시대의 유산과 카우보이 문화가 아직도 남아 있다. 제 2 차 세계대전 중에는 항공기, 전후에는 전기(電機)·전자·미사일 등의 여러 산업이 발전하였다. 연방 준비은행의 하나가 있으며, 미국 남서부의 금융·보험업의 중심지로 <빅D>라 불린다. 시가(市街)에는 석유회사를 비롯하여 금융·보험관계의 회사가 집중하여 고층빌딩가를 이루며, 면화지대(綿花地帶)의 서부 중심지로서 면화의 큰 거래소가 댈러스에 있다. 매년 1월에 개최되는 미식축구의 <코튼볼>은 유명하다. 이곳에는 댈러스 밥티스트대학·서던메소디스트대학·댈러스 바이블대학 등이 있다. 인구는 약 120만 명이다.

기적에 가까운 성공

    텍사스 주의 제2의 도시 댈러스는 미국의 자존심으로 불릴 만큼 부유한 도시이다. 시의 재정 자립도가 미국 내에서 다섯 손가락 안에 꼽힐 정도로 탄탄한 것은 물론 연방 정부가 급할 때면 손을 내밀 정도다. 댈러스의 힘은 거리마다 즐비하게 늘어선 하늘을 찌를 듯한 고층 건물에서 나온다. 그 건물들의 소유주는 대부분 금융 재벌들로 그들은 미국 그리고 세계의 금융계를 좌우할 만큼 막강한 힘을 갖고 있다.

    댈러스의 힘을 상징하는 그 건물들의 밤의 점령군은 UBM사람들. 한국인 안영호 씨가 회장으로 있는 청소 대행업체인 UBM은 댈러스

대부분 금융재벌들이 소유한 댈러스의 빌딩들

의 금융 건물, 정부종합청사 등 주요 200여 건물 중 35%인 65개 건물의 청소 용역을 맡고 있다. 50층 건물 기준으로 1년 간 청소 용역비가 12억 원임을 감안하면 1년 매출액이 1천억 원을 상회한다. 직원 수 만 해도 1,500여 명으로 댈러스 청소대행업계의 움직일 수 없는 지존의 자리를 지키고 있다.

UBM은 댈러스에 있는 청소대행업체 중 유색인종이 세운 유일한 회사이다. 댈러스에는 아직도 백인 우월주의가 뿌리 깊게 자리하고 있다. 사회 저변에 흐르고 있는 강력한 보수주의는 유색인종의 성공에 큰 걸림돌이 되고 있다. 인종차별 철폐를 주장했던 케네디가 암살 당한 곳도 바로 이곳 댈러스였다.

이런 댈러스의 분위기를 감안하면 한 업계에서 정상에 오른 유색인종의 회사 UBM의 성공은 기적에 가깝다. 댈러스의 주류를 이루는 백인보다 몇 배의 노력을 했다는 것은 누구나 짐작할 수 있을 것이다. 그보다 UBM만의 사업 차별화 전략에 접근하는 것이 성공 포인트의 핵심이다.

UBM의 사업 전략은 크게 세 가지로 나눌 수 있다. 그 첫 번째가 청소대행업체의 생명인 철저한 조직 관리와 인력 관리이다. 두 번째는 동양적 미덕을 극대화한 단결과 신의이다. 마지막은 함께 다 같이 잘 사는 소사장 제도의 도입이다. 이제 UBM의 사업 전략의 현장으로 들어가 보자.

사자꼬리를 잡은 발칙한 생쥐이야기

빈틈없는 조직관리

- 성공전략 첫 번째

오후 5시, 댈러스에서 가장 높은 73층 빌딩인 뱅크 오브 아메리카에서 퇴근길을 서두는 정장 차림의 백인들이 쏟아져 나오기 시작했다. 곧이어 미국을 대표하는 은행인 뱅크 오브 아메리카 빌딩은 적막에 휩싸였다.

1시간 후 뱅크 오브 아메리카 빌딩 앞에 유개차들이 줄지어 도착했다. UBM 제복을 입은 한국인들이 능숙한 솜씨로 유개차에서 청소 장비를 하역하기 시작했다. 그러는 동안 UBM 소속의 멕시코 사람들과 흑인들이 하나둘 모여 들었다. 청소 현장에서 일하는 사람들은 대부분 히스패닉 계였다. 그동안 현장에서 일했던 백인들과 한국인들의 임금 상승을 감당하기 어려워 그들이 그 자리를 채운 것이다. 모두 80명이다.

현장 매니저는 오늘 필요한 청소 장비와 인원을 일일이 점검했다. 한 사람이라도 부족하면 인원을 급히 충당해야 하기 때문이다. 장비와 인원을 확인한 매니저는 빌딩 경비 요원과 간단한 인사를 나누었다.

빌딩 안으로 들어가기 전에 경비 요원들은 UBM 제복 위에 은행에서 제공한 배지를 부착한 청소부들의 몸수색을 꼼꼼하게 했다. 뱅크 오브 아메리카 빌딩은 내부에서 어떠한 촬영도 허락하지 않는 등 보안에 각별히 신경을 썼다. 특히 9.11 테러 이후 심하다고 생각할 정도로 보안에 철저했다.

UBM 소속 80명의 직원들은 출입 절차를 모두 마친 후 빌딩 안으로 들어가 열쇠를 나누어주는 장소로 이동했다. 현장 매니저는 경비 요원의 입회 하에 직원들에게 청소 구역에 따라 보안키를 배급했다. 돈을 취급하는 은행이기 때문에 보안키의 가격은 상상을 초월한다. 보안키의 평균 가격은 수천만 원을 넘는다. 만약 보안키를 분실했을 경우 다시 만드는 것이 아니라 그 보안키로 여는 문 자체를 다시 제작해야 하기 때문이다. 이때의 경비는 물론 UBM에서 부담해야 한다.

그러나 이것은 단지 돈의 문제가 아니라 신용의 문제이기 때문에 관리를 소홀히 하면 그동안 힘들여 쌓아왔던 모든 것을 전부 잃어버릴 수도 있다. 그래서 UBM은 미국 영주권자만을 직원으로 채용한다.

보안키를 받은 청소부들은 청소 장비를 화물 엘리베이터에 싣고 백인들이 떠난 밤의 점령군 자격으로 각자 배당받은 청소 구역으로 흩어

사자꼬리를 잡은 발칙한 생쥐이야기

져 갔다. 이윽고 건물 안에 잠겨있던 적막을 깨고 청소기의 진동음이 퍼지기 시작했다. 드디어 작업이 시작된 것이다.

이들이 중점적으로 청소해야 하는 부분은 카펫과 사무실 집기의 광택 작업이다. 또한 화장실 청소와 구석구석에 있는 먼지도 말끔하게 제거해야 한다. 그동안 매니저는 현장을 돌며 작업 상태를 점검하여 미비한 점을 보완하고 인력을 재배치하는 일을 재빨리 판단하고 실행에 옮겨 한 치의 차질도 없이 수행해야 한다.

새벽 4시, 드디어 73층 건물의 구석구석까지 완벽하게 청소를 끝냈다. 그리고 청소를 시작하기 전과 조금도 다름없이 정리를 한 다음 마치 유령이 다녀간 것처럼 흔적도 없이 철수를 했다.

73층 건물을 하루 밤 사이에 완벽하게 청소한다는 것은 생각처럼 쉬운 일이 아니다. 과학적인 조직 관리나 조직원 활용이 뒷받침 되지 않고서는 불가능한 일이다. UBM이 백인 계 청소대행업체와 경쟁하여 이길 수 있었던 요인은 바로 빈틈없는 조직 관리였다.

극대화된 단결력과 신의

그렇다면 예기치 못한 상황의 발생으로 작업이 원활하지 못했을 때의 대처 방법은 무엇이었을까. 여기에 대처하는 UBM 특유의 두 번째 사업 전략이 있다.

오후 6시, 세계 펀드 시장의 공룡이라고 불리는 론스타 빌딩 앞에 UBM 직원들이 모여 있었다. 현장 매니저는 초조한 듯 연신 시계를 들여다보며 마른 침을 삼켰다. 그도 그럴 것이 오늘 필수 인력 중에 차질이 생겨 20여 명이 부족했던 것이다. 한국의 외환은행 인수설이 있었던 론스타는 수익률조차 극비에 붙일 정도로 매우 까다로

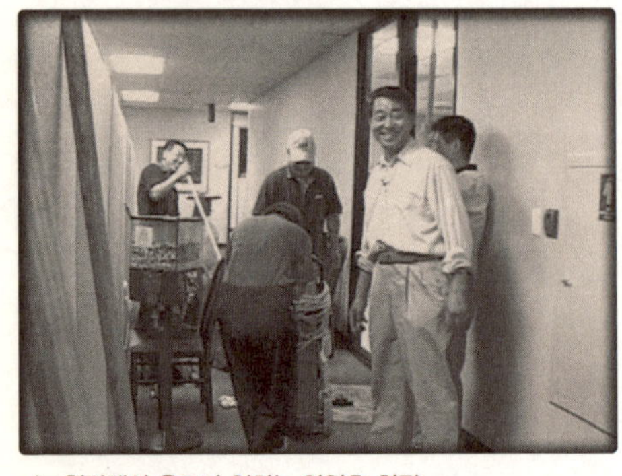

늘 현장에서 웃으며 일하는 안영호 회장

사자꼬리를 잡은 발칙한 생쥐이야기

운 고객 중의 하나다. 현장 매니저는 비상 상황을 회사에 보고했다.

UBM 본사 회장실에는 안영호 회장을 비롯한 한국인 임원진이 말끔한 정장 차림으로 앉아 있었다. 안영호 회장을 비롯한 임원진 전원은 청소대행업계 현장에서 수십 년 동안 산전수전을 몸으로 겪어낸 베테랑들이었다. 안영호 회장이 입을 열었다.

"비상 상황이군."

그 말이 떨어지기 무섭게 안영호 회장과 임원진은 양복을 벗어 던지고 작업복으로 갈아입었다. 그리고는 각자 승용차를 타고 현장으로 달려갔다. 청소 장비는 굳이 따로 챙길 필요가 없었다. 늘 승용차 안에 이들의 땀과 비법이 배어있는 장비가 실려 있기 때문이다. 말하자면 이들은 UBM의 기동타격대인 셈이다.

이들은 곧 현장에 투입되었다. 이들이 일을 할 때는 현장 직원인 멕시코 사람들이나 흑인들이 유심히 살펴본다. 물 흐르듯 막힘없이 일을 처리하는 것은 물론 이들이 쓰는 장비가 특이하기 때문이다. 이들의 청소 장비에는 강철추가 달려 있다. 강철추의 무게 때문에 광택을 더 낼 수 있기 때문이다.

멕시코 사람들이나 흑인들은 이 장비를 사용할 수 없다. 너무 무겁기 때문에 자칫하면 며칠동안 몸살을 앓게 되기 때문이다. 성공에 대한 강한 열정이 있는 사람만이 그 무게를 감당할 수 있다.

론스타 빌딩의 위기 상황은 한국인 임원진의 투입으로 무난하게 수

성공신화를 이룬 UBM 회사 전경

습되었다. 댈러스 청소업계에서 UBM의 기동타격대는 전설에 가깝다. 그들이 뜨면 건물 하나쯤은 하루 밤 사이에 해결된다. UBM의 기동타격대는 수십 년 동안 맺은 인간적 유대를 바탕으로 그 누구도 떼어놓을 수 없는 단결력을 보이고 있다. UBM의 일이라면 병석에 누워있다가도 달려 나온다. 미국인의 합리적 사고로는 도저히 풀 수 없는 동양적 미덕으로 무장한 셈이다. 댈러스의 빌딩들도 그 사실을 잘 알고 있다. 그것이 댈러스의 빌딩들이 UBM과 다투어 청소 용역 계약을 하는 이유이다.

사자꼬리를 잡은 발칙한 **생쥐**이야기

소사장제도 도입으로 소득 극대화

UBM의 세 번째 사업 전략은 협력업체 형식의 소사장 제도의 도입이다. 안영호 회장은 과거에 함께 일했던 한국인들을 협력업체 사장으로 독립을 시킨 후 UBM에서 계약한 일의 반을 그들에게 주었다. 그렇게 독립한 소사장은 모두 25명으로 한 달 평균 2천만 원의 소득을 올린다.

사실 65개의 빌딩을 UBM에서 전부 관리하면 비효율적인 부분이 많이 발생할 수도 있다.

관리적인 측면에서 보면 소사장 제도는 일을 컴펙트하게 처리하는데 매우 유용할 것이다.

하지만 소사장 제도의 도입은 단지 일의 효율성 때문만은 아니다. 서로 도와야 함께 살 수 있다는 UBM의 공생 철학이 표현된 제도이다.

25개의 회사가 모인다면 불가능은 없을 것이다. UBM은 남을 밟고
일어서는 대신 함께 사는 법을 택한 것이다.

사자꼬리를 잡은 발칙한 **생쥐**이야기

UBM이 성공한 3가지 이유

/ 철저한 조직 관리와 인력 관리
/ 동양적 미덕인 단결력을 사업에 접목
/ 공생 방법인 소사장 제도 도입

유색인종의 유일한 직업 '청소부'

댈러스의 한 고급 주택가는 할로윈 축제로 한창이었다. 동네 꼬마 한 무리가 저마다 기괴한 분장을 한 채 집집마다 돌아다녔다. 꼬마들이 오면 집 주인들은 그들에게 사탕과 과자를 한 아름 안겨주었다.

이윽고 동네 꼬마들이 한 저택에 도착하자 집 주인이 사탕과 과자를 잔뜩 안고 밖으로 나왔다. 그는 놀랍게도 유색인종이었다. 이런 고급 주택가에 유색인종이 산다는 것은 그가 완전히 백인 주류 사회에 편입되었다는 뜻이다.

그는 이 주택가의 유일한 동양인인 안영호 UBM 회장이다. 그는 아이들에게 사탕과 과자를 나누어 주기 시작했다. 그 중에는 그의 아이들도 끼어 있었다. 사탕과 과자를 받은 아이들은 '굿바이 코리안'을 연발한 다음 다른 집으로 몰려갔다. 백인 아이들에게 그는 가난한 외

사자꼬리를 잡은 발칙한 생쥐이야기

국 노동자가 아닌 그들 부모처럼 잘 사는 이웃이었다.

그가 아메리칸 드림을 꿈꾸고 미국으로 건너온 것은 20여 년 전. 그가 미국으로 건너온 것은 순전히 심지 깊은 아내의 간곡한 권유 때문이었다. 아내를 만나기 전에 그는 나이트클럽을 전전하며 쉽게 돈을 벌던 한량이었다. 하지만 아내의 사랑은 그의 생활 태도를 완전히 바꾸어 놓았다. 아내와 결혼을 한 후 그는 정직한 노동으로 부자가 되기로 마음먹고 미국 행 비행기에 올랐다.

그와 아내가 도착한 곳은 텍사스 주 제2의 도시 댈러스였다. 일자리를 찾아 이곳저곳을 다니던 그는 댈러스에서 부자가 된다는 일이 얼마나 어려운지 곧 깨달았다. 아니 부자를 목표로 삼는 것 자체가 어리석은 일처럼 보였다. 댈러스에서 살아남는 것조차 어렵다는 사실을 알기까지 그리 오랜 시간이 걸리지는 않았다. 왜냐하면 유색인종이 살아가기에는 댈러스에서의 인종차별이 너무 심했기 때문이다.

댈러스가 있는 텍사스 주는 '텍사스 공화국'으로 불릴 만큼 지방색이 강했다. 원래 텍사스는 스페인이 지배하던 땅이었다. 당시 텍사스에 살던 이주민들은 합리주의로 무장한 영국인과 돈에 대한 감각이 뛰어난 네덜란드인들이었다. 그들은 스페인 정부에 항거하여 그들을 몰아내고 미국 연방 정부에 편입했다.

그 후 그들은 서부 개척과 석유 유전 개발 그리고 군수 산업을 크게 일으켜 막대한 부를 축적했다. 그들은 그 부를 통해 미국의 상류층을 형성했고 그들만의 독특한 문화를 만들어냈다. 그것이 바로 보수주의와 백인 우월주의이다.

이런 텍사스 주의 정신과 역사가 고스란히 남아있는 댈러스에서 유색인종이 살아간다는 일은 결코 쉽지 않았다. 더욱이 큰 돈을 벌어 백인 주류 사회에 합류한다는 것은 불가능에 가까운 일이었다.

가난한 외국인 이민자가 댈러스에서 쉽게 할 수 있는 일은 청소부였다. 청소부는 유색인종에게 무한한 기회가 열려있는 거의 유일한 직업이었다. 가난한 유색인종인 그 역시 청소하는 일밖에는 달리 할 일이 없었다. 그가 직업을 선택한 것이 아니라 직업이 그를 선택한 꼴이었다.

사자꼬리를 잡은 발칙한 생쥐이야기

인생의 모든 것을 걸었던 청소대행업

　그는 대기업 규모의 청소대행업체의 하청업체에 청소부로 취직을 했다. 아메리칸 드림을 잠시 접고 '댈러스의 청소부'가 된 것이다.

　청소부가 된 첫 날 그는 현장 매니저를 따라 댈러스의 빌딩으로 들어갔다. 미국의 부를 상징하는 그 화려한 건물이 그에게 내준 공간은 화물 엘리베이터와 음습한 지하실뿐이었다. 그 이외의 공간은 그가 넘볼 수 없는 백인들의 세계였다. 그는 그곳에서 모자를 깊게 눌러 쓰고 백인들이 버린 쓰레기를 치우며 소금보다 짠 인생에 대해 처음부터 다시 배우기 시작했다.

　그나마 함께 일하는 동료인 '한국인 청소부'들이 큰 위안이 되었다. 한국인의 댈러스 이민은 1970년대에 시작되었다. 그리고 그들 대부분은 그처럼 이민 초기에 청소부가 되어 낯선 세상에 적응을 해야 했다. 그

늘 웃으며 즐겁게 일하는 안 회장의 별명은 '스마일 맨'

러니까 한국인 청소부는 소위 말하는 댈러스의 이민 1세대인 셈이다.

그는 빌딩 청소를 하면서 스스로 원칙을 하나 정했다. 빌딩은 내 밥그릇이다. 그러므로 내 밥그릇을 닦듯 빌딩을 깨끗하게 빛내자. 그는 하루 20시간의 중노동을 했지만 그가 정한 원칙 때문에 늘 즐겁게 일을 했고 어느 누구를 만나도 미소로 대했다. 그의 별명 '스마일 맨'은 그때 붙여진 것이다.

그는 몸이 아플 때마다 이를 악물었다. 밑천이 몸밖에 없는 그가 병석에라도 눕는다면 가족의 생계를 책임질 사람이 아무도 없기 때문이었다. 그때 생긴 이를 악무는 습관은 고쳐지지 않아 지금도 마우스피스를 물어야 잠이 들곤 한다.

그렇게 일을 해서 받은 돈은 하루 4만원. 생활을 하기에는 턱없이 부족한 돈이었다. 먹고 사는 문제 때문에 그의 아내도 그를 따라 청소부 생활을 시작했다. 그동안 태어난 아이들은 베이비시터에 맡기고 밤낮을 가리지 않고 댈러스의 빌딩을 닦고 또 닦았다.

그와 아내는 24시간 붙어 다녔다. 청소 현장에도 늘 함께 있었고 작업이 끝나는 시간인 새벽에 햄버거 한 쪽을 함께 나누어 먹으며 허기진 배를 채웠으며 녹초가 된 몸으로 집에 들어가 짧은 잠을 통해 피곤

사자꼬리를 잡은 발칙한 생쥐이야기

도 함께 풀었다.

그 후 몇 년 동안 그와 아내는 백인들의 차디찬 모멸 속에서 댈러스의 빌딩을 닦고 또 닦았다. 백인들이 그들의 자존심을 7번 짓밟으면 8번 일어났다. 가족을 지키는 것이 그들 부부의 최고의 자존심이었던 것이다. 그러는 동안에 댈러스의 청소업계에 그들 부부의 이름이 조금씩 알려지기 시작했다. 그의 신화의 기반이 조금씩 다져지기 시작했다는 뜻이다.

그는 그즈음 그의 성공 신화에 빼놓을 수 없는 사람을 만나게 된다. 그가 다니던 회사의 임원인 데이빗 맥다노였다. 데이빗 맥다노는 청소업계의 베테랑으로 그를 인정한 몇 안 되는 백인이었다.

그를 유심히 지켜보던 데이빗 맥다노는 어느 날 한 빌딩의 청소를 통째로 주었다. 다음 날 새벽 데이빗 맥다노는 일에 대한 보고를 받고 자신의 귀를 의심하지 않을 수가 없었다. 연면적 3만 평이 넘는 건물의 청소를 그와 아내 단 둘이서 해냈다는 보고였기 때문이다. 그 건물 입주자들의 반응을 보고받은 데이빗 맥다노는 다시 한 번 놀랐다. 지난밤의 청소에 대해 입주자들이 대단히 만족한다는 보고였기 때문이었다.

그 후 그는 불가능이 없는 청소부로 소문이 났다. 그의 별명에 탱

자신의 밥 그릇을 닦듯 빌딩을 청소한다

미국의 치즈, 청소대행업 _ 안영호

크가 추가된 것도 이즈음의 일이었다. 힘들고 까다로운 건물 청소하면 그를 떠올리게 되었다. 실제로 그가 청소를 맡은 건물은 단 한 번도 입주자의 불평이 나오지 않았다. 그는 곧 제법 규모가 큰 청소부 팀을 이끌게 되었다.

그의 생활이 점차 안정을 찾아갈 때 함께 일했던 한국인 청소부들이 하나둘 떠나기 시작했다. 그들은 밤과 낮이 뒤바뀐 생활과 백인들의 모멸을 견디지 못하고 돈이 모이면 도넛 가게나 치킨 가게를 차린 다음 미련없이 청소업계를 떠나 독립을 했다. 미국에서 다섯 번째로 큰 댈러스의 한인사회는 이들 청소부 출신들이 중심이 되었다.

동료 한국인 청소부들의 빈 자리를 보면서도 그는 추호의 흔들림이 없었다. 그는 미국으로 건너올 때 가슴에 비수처럼 품었던 아메리칸 드림을 이룰 수 있는 사업이 청소대행업이라고 믿었다. 백인들이 천하고 힘든 일이라고 여겨 외면한 업종이야말로 유색인종이 인생의 모든 것을 걸 수 있는 사업이라고 믿었다.

그는 댈러스의 청소업계를 평정할 때를 묵묵히 기다렸다. 그는 그때를 위해 차근차근 내공을 키워 나갔다. 그 내공은 누구라도 부인할 수 없는 댈러스 최고의 청소부가 되는 것이었다. 어느 날 그 기회가 다가왔고 그는 놓치지 않았다. 댈러스에 정착한지 14년만의 일이었다.

14년 만에 이룬 성공신화 'UBM'

　6년 전, 그는 운명처럼 한 한국인을 만났다. 그 한국인은 댈러스에 있는 중앙은행 유동식 회장이었다. 유동식 회장은 외판원으로 출발해서 지점 8개를 거느린 은행을 경영하는 입지전적인 인물로 한국인 이민자들에게는 구세주와 같은 존재였다.

　한국인 이민자들이 미국 은행에서 사업 자금 대출을 받는 일은 쉬운 일이 아니었다. 그러나 유동식 회장은 가능성이 있는 한국인 이민자에게 서슴없이 대출을 해주곤 했다. 댈러스에서 한국인 이민자들이 빨리 자리를 잡은 이유 중의 하나가 바로 유동식 회장의 중앙은행 때문이었다.

　유동식 회장을 만나던 당시 그는 곤란한 처지에 있었다. 그가 이끄는 팀은 그를 중심으로 똘똘 뭉쳐 있었다. 그는 업무적인 면에서 건물 입주자들로부터 좋은 평가를 받았을 뿐 아니라 청소부의 대다수를 차지하는 유색인종들로부터도 절대적인 지지를 받았다. 그의 팀은 회사

내의 또 다른 회사라고 해도 손색이 없을 정도로 그의 영향력은 막강했다. 그러자 그가 속한 회사는 그의 영향력을 최소화하기 위해 부당한 압력과 간섭을 노골적으로 하기 시작했다. 최악의 경우 그를 해고할지 모르는 상황이었다.

유동식 회장은 그의 경력을 은행가의 입장에서 면밀하게 검토하기 시작했다. 그리고 그를 만나 자신의 사업을 할 것을 권유했다. UBM의 신화가 태동하는 순간이었다.

그는 중앙은행에서 사업 자금을 대출받아 청소대행 회사인 UBM을 설립했다. 먼저 그가 이끌던 청소 팀이 UBM에 합류했다. 그 뒤를 이어 평소 그를 따르던 청소부들이 합세했다. 그 뿐이 아니었다. 그의 직장 상사인 데이빗 맥다노를 비롯한 백인들도 UBM에서 일하기를 자청했다. 그가 몸담았던 회사 직원 800명 중 140명이 안정적인 대기업을 떠나 유색인종이 세운 신설회사로 자리를 옮기는 기현상이 벌어진 것이었다.

댈러스 최고의 청소대행업체로 우뚝 선 UBM

댈러스의 청소대행업계를 장악하고 있던 백인계 대기업들은 UBM의 출범을 비웃었다. 인종 차별이 심한 댈러스에서 유색인종이 세운 회사가 절대로 성공할 수 없

사자꼬리를 잡은 발칙한 생쥐이야기

다고 확신을 한 것이다.

　그는 건물 청소 담당자들을 찾아다녔다. 그가 가진 최상의 무기는 탱크와 스마일 맨이라는 별명을 가진 댈러스 최고의 청소부인 그 자신이었다. 건물 청소 담당자들은 그에게 대단히 호의적이었다. 지난 14년 동안 보아왔던 그의 업무 능력은 더 이상 검증할 필요가 없기 때문이었다. 그는 그 자신을 내세워 결코 넘을 수 없을 것 같은 인종 차별의 벽을 하나둘 무너뜨리기 시작했다.

　그는 댈러스의 주요 건물들을 하나하나 장악해 나갔다. 건물 청소 담당자가 실무적으로 무리한 요구를 해도 단 한 번도 '노'를 하지 않았다. 그의 곁에게는 백인 청소대행 회사에서는 찾을 수 없는 놀라운 단결력을 지닌 기동타격대인 한국인 청소부들이 있었기 때문이다.

모든 청소부는 '형제'다

"몸으로 모든 것을 해결하는 청소대행업은 대단히 인간적이다. 하루 밤에 수십 층짜리 빌딩을 완벽하게 청소하려면 서로 도와야 한다. 함께 일하는 동료가 몸이 아프면 누군가 그 자리를 메워야 한다. 그러므로 내가 동료이고 동료가 나라는 생각이 들게 마련이다. 만약 책상에 앉아 성공을 꿈꾸었다면 서로가 적이 되었을지도 모른다. 함께 땀을 흘리고 함께 고생을 했기 때문에 지금 형제가 된 것이다."

모든 청소부가 형제라는 그의 말은 바로 그의 경영 원칙이다. 그는 좀처럼 사람을 버리지 않는다. 문제가 생기면 경영 엘리트인 미국인 임원들은 당장 해고를 주장한다. 미국인의 경영 방식은 대단히 합리적이다. 문제가 발생하면 바로 도려낸다. 하지만 그는 그 건의를 한 번도 받아들인 적이 없었다. 어떻게 형제를 해고하겠는가. 그런 경영 원칙

사자꼬리를 잡은 발칙한 생쥐이야기

이 기동타격대의 단결력의 원천인 셈이었다.

그는 한국인 청소부뿐만 아니라 멕시칸이나 흑인 청소부들에게도 인간적으로 대했다. 그가 댈러스에 처음 와서 백인에게 받았던 모멸감이 얼마나 인간적인 상처가 된다는 것을 잊지 않았기 때문이었다. 그들은 같은 유색인종이 CEO인 UBM과 문화적 공감대를 형성했고 기꺼이 어려움을 같이하곤 했다.

그의 이런 경영 원칙은 댈러스의 경쟁 회사들이 가장 부러워하는 점인 갈등 없는 노사관계로 이어졌다. 그 결과 경영 누수가 전혀 없어 비약적인 발전의 토대가 되었다.

그는 형제보다 더 진한 단결력과 원만한 노사관계 그리고 고객에 대한 신의를 바탕으로 댈러스의 심장부를 향해 달려갔다. 청소 용역을 맡은 건물은 최선을 다해 약속을 지켰고 청소 용역을 맡기는 건물들이 하나둘 늘기 시작했다. 그리고 마침내 댈러스의 빌딩 청소 시장의 35%를 장악하여 1년 매출액 1,000억 원이 넘는 업계 최고의 회사로 우뚝 섰다.

그는 9.11 테러 사태 이후 미국 전역에서 유행처럼 번지는 보안 빌딩 시장을 선점했다. 그 뿐이 아니다. 댈러스를 떠나 워싱턴 DC, 오스틴 등 미국 중남부 지역에 지사를 설립하여 진출했다. 그의 꿈은 미국에 그치는 것이 아니다. 전 세계에 UBM의 깃발을 휘날릴 구상을 하고 있다. 언젠가 한국에서도 UBM을 볼 수 있을 것이다.

그는 앞이 보이지도 않는 어두운 길을 묵묵히 걸어와 마침내 그가 속한 세상의 정상에 섰다. 한 단계씩 차근차근 계단을 밟아 지금의 자리에까지 오른 그의 모습은 댈러스에 있는 모든 한국인 청소부에게 희망을 주었다. '안영호처럼 하면 된다' 라는.

사자꼬리를 잡은 발칙한 생쥐이야기

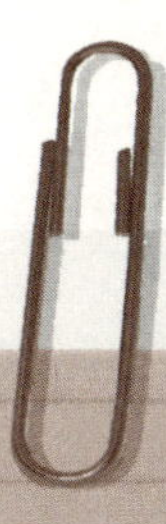

· 안영호가 성공한 3가지 이유

/ 최고가 될 때까지 묵묵히 기다리는 미학
/ 찬스가 왔을 때 망설이지 않는다
/ 남과 더불어 사는 법을 배워라

· 댈러스의 또 다른 틈새시장

/ 비즈니스맨을 위한 도시락 배달사업

사자꼬리를 잡은 발칙한 생쥐이야기

초판 인쇄 _ 2004년 5월 22일
초판 발행 _ 2004년 5월 28일
지은이 _ 윤정민
펴낸이 _ 이철원
펴낸곳 _ 리즈 앤 북
등록 _ 2002년 11월 15일
주소 _ 135-081 서울시 강남구 역삼1동 725-34 동이빌딩 B1
전화 _ 02)557-9772 (代)
팩스 _ 02)557-8775
이메일 _ riesnbook@naver.com

ISBN 89-90522-21-8(03320)